创建平安校园安全教育读本
（第3版）

主　　编	王兴中
副 主 编	岳　刚　陈明蔚　吴碧蓉　马文光
参编人员	（以姓氏笔画为序）

王泽松	王建国	王养生	王慧慧	邓本超
卢彤鸣	许细彬	杨文才	杨兆有	李　玮
余越秀	张大一	张文秀	陈诗淼	林剑波
林瑜坤	林　霞	罗建平	图　娅	金晶晶
郑旭东	曹忆和	韩　娟	蒋　玲	曾雅琴
谢哲伟	谢福仁	蓝　鹏	翟政亮	潘　鸿
潘智忠				

北京理工大学出版社
BEIJING INSTITUTE OF TECHNOLOGY PRESS

版权专有 侵权必究

图书在版编目（CIP）数据

创建平安校园安全教育读本/王兴中主编． —3 版． —北京：北京理工大学出版社，2017.9（2021.8重印）

ISBN 978-7-5682-4857-0

Ⅰ．①创… Ⅱ．①王… Ⅲ．①高等学校-学校管理-安全管理 Ⅳ．①G647.4

中国版本图书馆 CIP 数据核字（2017）第 228740 号

出版发行 / 北京理工大学出版社有限责任公司
社　　址 / 北京市海淀区中关村南大街 5 号
邮　　编 / 100081
电　　话 /（010）68914775（总编室）
　　　　　　 82562903（教材售后服务热线）
　　　　　　 68944723（其他图书服务热线）
网　　址 / http：//www.bitpress.com.cn
经　　销 / 全国各地新华书店
印　　刷 / 保定市中画美凯印刷有限公司
开　　本 / 710 毫米 × 1000 毫米　1/16
印　　张 / 11.25　　　　　　　　　　　　　责任编辑 / 李慧智
字　　数 / 206 千字　　　　　　　　　　　　文案编辑 / 李慧智
版　　次 / 2017 年 9 月第 3 版　2021 年 8 月第 8 次印刷　　责任校对 / 周瑞红
定　　价 / 32.00 元　　　　　　　　　　　　责任印制 / 施胜娟

图书出现印装质量问题，请拨打售后服务热线，本社负责调换

再 版 说 明

本书于 2012 年 8 月出版后，被多所中高职院校选用，五年来广受好评。2016 年 12 月 7—8 日，全国高校思想政治工作会议在北京召开，中共中央总书记、国家主席、中央军委主席习近平出席会议并发表重要讲话。他强调，要坚持把立德树人作为中心环节，把思想政治工作贯穿教育教学全过程，实现全程育人、全方位育人，努力开创我国高等教育事业发展新局面。为紧跟时代发展的步伐，深入贯彻习总书记治国理政新理念、新思想、新战略及对职业教育的一系列重要指示，保持本读本新编、实用的特色，我们对全书内容进行了修订和补充。

本书基本维持初版及第 2 版修订时的章节体系。根据教育形势及客观校园安全环境的变化、授课教师与学生意见反馈，第 3 版从章节安排到章节内容都做了较大的更新和调整：原有章节 11 章，修订和补充后变成 9 章，章节顺序也适当调整；原来的第 2、3、4 章内容调整合并成第 2 章；原第 5 章增加第 5 小节成为第四章；第 5 章节是全新内容，以校园贷等新的校园经济行为教育内容为主形成；原第 6、7 章合并整理成第 6 章；第 8 章做了比较大的增补工作，增添新媒体及新载体概述。修改后的第 3 版主要增加的内容包括校园贷、校园信用卡、QQ、微信、微博的安全使用等。在第 3 版的修订过程中，我们特别针对部分案例进行了更新替换，尽可能选择与读本内容切合的新案例；对一些章节的数据资料进行了全面的更新，尽量采用近期的权威统计数据；对部分章节内容进行必要的补充，在文字上进行润色、修正，版面设计也大量使用表格图形等新的表达方式，使本读本内容更加充实，与现实的结合更加紧密，使本书文笔更加简明、流畅。

本书再版坚持原书的指导思想，面向培养应用型与技能型人才的技校、中高职院校，以满足在校学生掌握必要安全知识，为将来走上工作岗位、服务社会、报效祖国打下良好基础。希望广大教育工作者与读者对本书不足给予批评指正，我们将努力把本书修改得更加科学、适用，竭诚为持久创建安全、稳定、和谐的平安校园提供更好的帮助。

编　者

2017 年 7 月

前　　言

学生是国家的未来、民族的希望,做好学生的安全保护和预防违法犯罪工作,关系学生的健康成长和家庭的幸福安宁,关系社会和谐稳定和国家的长治久安。

中共中央领导人多次强调:要带着爱心和责任,加强校园安全管理,为青少年健康成长创造良好的社会环境。按照中央社会管理创新工作的部署和要求,各级学校面对新情况、新问题,制定和完善校园安全管理制度,加强安全管理,重视安全教育,营造平安的"教书育人、活动育人、管理育人、服务育人"环境,在加强防范、避免校园安全事件发生、保护生命财产安全、减少事故损失、维护校园安全稳定与和谐等方面采取了许多措施,做了大量细致有效的工作,取得了可喜的成绩。然而在现实中,校园暴力、自然灾害、社会安全突发事故等危害学生安全的事件频频发生,例如:学生自杀和他杀、盗窃、网络犯罪、校园食物中毒、校园火灾……一件件惨案历历在目,其中有相当一大部分是由于学生的防范意识不强、缺乏必要的安全知识而造成的。

近年来,我们在福建船政交通职业学院等十几所职业院校进行学生创建"平安校园"问卷调查,共发放问卷 5 000 份,有效问卷 4 759 份。调查统计结果中,4 759 位接受调查的学生中,从未重视校园平安建设的有 1 448 人,占 30.43%;在出现校园事故后重视校园平安建设的有 1 953 人,占 41.04%;日常学习时注重校园平安建设的有 1 358 人,占 28.54%;认为吸引其重视校园平安建设因素为校园事故频发的有 2 137 人,占 44.90%;认为吸引其重视校园平安建设因素为安全教育影响的有 1 845 人,占 38.77%;从未注重校园平安建设的有 727 人,占 15.28%。数据分析显示,学生的安全意识不强。

创建平安校园,管理机构和长效机制是核心,教育引导学生掌握安全知识是手段,增强学生安全意识是重点,教会学生安全防范、保护生命安全、减少财产损失是关键。为此,由长期从事学生管理与安全教育工作的老师们组成编写小组,博采众智,群策群力,编写了本书。

全书共分为九章,主要从创建平安校园目的意义、校园事故、灾难的避险与自救、学生心理健康、预防学生犯罪等安全教育方面诠释了创建平安校园的内容。本书整体体系设计兼有公共基础课教材和普及教育读本的特点,坚持"以人为本"的编写理念,以"应用"为宗旨,以在校学生必须掌握、能够掌握为度,注重学生实用能力的培养。本书选用了各种应急避险措施、扩展阅读资料,融可读性、知识性、趣味性、可操作性为一体;同时精选大量涉及校园安全的典型案例,先引入案例,后补充总结,再扩展与思考。

防事故平安福满门，讲安全健康乐万家。

时常关注安全知识，手持读本终身受益。

用平安打造校园的今天，用平安祝福校园的未来。

本书在编写过程中，参阅了大量的文献资料及研究成果、参考了同行专家的著作和文章；本书的编写得到福建船政交通职业学院、福建信息职业技术学院、天津公安警官职业学院、福建商贸学校、福建邮电学校及其他兄弟院校领导们、北京理工大学出版社周磊编辑等的大力支持，特在此表示感谢。此外，特别感谢国家级教学名师、福建省安全生产专家、博士生导师、福建外语外贸学院院长沈斐敏教授的关注和支持。

由于时间仓促，疏漏之处在所难免，敬请批评指正。

编写组
2012 年 1 月

序　言

每一位学生都承载着一个家庭的希望和祖国的未来，校园安全，对于每一所学校而言，其重要程度不言而喻。校园安全不仅关系到每一位在校学生的安全和每一个家庭的幸福，也直接关系到整个社会的和谐与稳定。加强校园安全教育管理工作，提高学生的安全危机意识，预防校园安全事故的发生，为师生创建平安的学习、生活、工作环境，确保学校稳定、健康、和谐与科学发展，是新形势下学校义不容辞的职责和使命。

当前，随着教育改革开放的深入，学生的学习和生活空间大大扩展，学生之间的交流领域不断拓宽，加之校园环境复杂多变、学生安全意识淡薄、安全知识缺乏等原因，使得校园安全事故时有发生。近年来发生的校园安全事件，屡屡引发社会公众对学校安全的心理恐慌，给校园安保工作敲起了警钟，校园安全问题已经成为社会、学校、家长们关注的热点与焦点问题。实践证明，创建平安校园、增强校园安全意识必须成为学生必备的基本素养，普及在校学生安全预防与应对知识，是使学生获得全面、健康发展的重要保证，必将使学生受益终身。

以福建信息职业技术学院副院长、副研究员王兴中担任主编，天津公安警官职业学院岳刚担任第一副主编的编写团队，经过精心筹备和努力，撰写了《创建平安校园安全教育读本》，这是一件很值得鼓励和提倡的事情。这本书深入浅出、通俗易懂，是适合在校学生安全教育的必备教材，同时该读本还是从事学校安全管理工作的班主任、辅导员、学生管理干部等相关人员的好助手。

作为一名多年在教育战线工作的老同志，我认为该书的出版，与时俱进，是一份融知识性、可读性、实用性为一体的平安校园建设精神食粮，是编写团队为创建平安校园奉献的一份辛勤努力。

我们都生活在一个由亲情、道德、责任、义务等所交织的密切的关系中，每一个人的现在都与未来相连，每一个人的自身都与家庭相连，每一个人的荣辱都与所属的集体相连！确保学生安全、让家长放心、让社会满意，是每个教育工作者的根本任务；倡导科学方法、传播科学思想、提高学生的安全防范意识，努力做到防范在先、警惕在前，警于思、合于规、慎于行。

玉在山而草木润，珠在渊而水不枯。

愿每一个学校都成为"平安学校"，愿每一个家庭都成为"平安家庭"，愿我们的社会成为一个更加安全、和谐、幸福的"平安社会"！

福州大学博士生导师、教授　沈斐敏
2012 年 1 月

目 录

第1章 创建平安校园绪论 ·· 1
- 1.1 校园安全事件概述 ·· 1
- 1.2 创建平安校园 ·· 6
- 1.3 远离低俗、恶俗文化 ·· 8

第2章 日常安全必读 ··· 12
- 2.1 自然灾害预防与应对 ······································· 12
- 2.2 交通安全须知 ··· 19
- 2.3 饮食安全必读 ··· 24
- 2.4 用电用水安全 ··· 25
- 2.5 紧急疏导与防空 ··· 27
- 2.6 火灾的避险与自救 ··· 36

第3章 校园卫生与健康 ··· 44
- 3.1 良好卫生习惯的培养 ······································· 45
- 3.2 阳光体育运动与运动安全 ··································· 47
- 3.3 校园传染病及其防治 ······································· 52

第4章 突发事件预防与应对 ······································· 61
- 4.1 校园突发事件概述 ··· 61
- 4.2 防范校园暴力 ··· 67
- 4.3 "四防"预防与应对 ·· 68
- 4.4 远离黄、赌、毒 ··· 74
- 4.5 珍惜自己，远离艾滋 ······································· 78

第5章 校园经济行为 ··· 81
- 5.1 校园贷 ··· 81
- 5.2 校园信用卡 ··· 86
- 5.3 打工与兼职安全须知 ······································· 89

第6章 实习实验与保险 ··· 93
- 6.1 实习实验事故的应急处理 ··································· 94
- 6.2 毕业实习与见习安全须知 ·································· 100
- 6.3 学生保险须知 ·· 106
- 6.4 学生保险的受理与索赔 ···································· 111

第 7 章　学生心理健康与认识自我 ························· 115
7.1　学生常见的心理问题 ························· 116
7.2　同性恋与自我认识 ························· 119
7.3　学生自杀原因探析 ························· 121
7.4　学生职业心理辅导 ························· 124
7.5　学生恋爱心理辅导 ························· 127
7.6　学生心理疾病的治疗方法 ························· 133

第 8 章　校园网络安全 ························· 140
8.1　"网络陷阱"辨识 ························· 141
8.2　网络安全防范须知 ························· 144
8.3　常见病毒类型和查杀方法 ························· 147
8.4　新媒体新载体安全使用须知 ························· 149

第 9 章　女生安全须知 ························· 155
9.1　珍爱自己，健康成长 ························· 156
9.2　女生恋爱与教育引导 ························· 158
9.3　女生安全必读 ························· 161

第1章　创建平安校园绪论

1.1　校园安全事件概述

【案例导读】

案例一：校园踩踏，恶性事故

2009年12月7日，某校发生一起伤亡惨重的校园踩踏事件，共造成8名学生死亡，多名学生受伤。这一惨剧发生在晚上学生们下楼梯的过程中。

事发当晚，天降大雨。学生们为了躲雨、为了早点回寝室，都不约而同地选择了这个通道，一时间，人流高度密集，前面的学生摔倒后，后面的学生还以为前面有人在故意拦他们，于是争先往前挤。发生事故的地点，残留着一摊血迹。据事发时最早赶到现场的老师和踩踏中侥幸生还的学生们说，事故发生时，先是有一名女生滑倒，随后，潮水般涌上来的人流一层叠一层地压了上去。在面积只有3到5平方米的楼梯间，瞬间就堆积了几十人。压在下面的学生，因为严重的挤压、窒息，非死即伤。

案例二：大学疑发生群体中毒事件，60余名学生上吐下泻

2012年夏天正值期末考试阶段，某大学东校区60余名学生却集体遭受了一次呕吐腹泻之苦。前晚，部分学生在学校第二食堂等几大食堂就餐后，均出现了恶心、腹泻、呕吐等症状，有学生猜测是食物中毒。学校通过官方微博发布消息，原因尚在调查之中。"昨晚就陪一个吃云吞的舍友在医院通宵"，网友微博发帖如是说。而类似的微博在昨日陆续发出，发帖人均为该大学学生。微博显示，有很多学生在东校区食堂就餐后出现腹痛、腹泻等现象。有不少学生在打吊针，学校门诊部共接诊多名学生，临床症状多表现为恶心、腹泻、呕吐等。

据该大学某学院的L同学回忆，前日中午和晚上她都在第二学生食堂吃饭，晚上点了茄子叉烧套餐，可是，昨天早8时却开始不舒服，"过一阵子就拉肚子，还吐了"。而等她到学校的门诊部时，已经有几个同学在就诊，而另一学院的W同学在昨天凌晨2时也出现了腹泻、呕吐的症状，他前天晚上在第二学生食堂点了酸菜和面筋。而室友帮他去门诊部排队买药却排长队，"很多学生都在输液，他排队就排了1个多小时"。学生集体腹泻，李同学猜测，"应该与食物有关系，我怀疑是食物中毒"。不过，每个学生用餐的时间、菜式、食堂都不一样，加上天气寒冷，学生忙于复习，压力较大，尚不能断定是食堂食品安全问题，还是感冒引起的病症。

纵观上述典型案例，这些事故的发生主要是由于学校忽视了安全教育，学生思想麻痹，安全意识薄弱，缺乏有效应对措施与突发事件处理预案。由于处置问题的方法不当，引发了本该可以避免或减少损失的校园安全事故，令人追悔莫及，痛心疾首。

2011年1月1日至11月27日中国校园安全事故统计数据如下图所示。

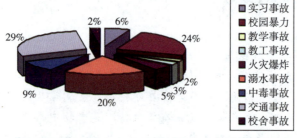

2011.01.01—2011.11.27 中国校园安全事故数据统计

专家告诉我们:"意外伤害并非不可预防。"预防意外伤害是一个系统工程,包括教育引导、政策法规约束、公共卫生防范和技术保障等几个方面。2014年以来,女大学生失联或遭遇侵害的新闻频频被媒体报道,引起社会的广泛关注。根据教育部公布的最新统计数据,全国普通本、专科学生中女生人数已占51.35%,如何采取措施最大限度地避免此类事件的发生?当前,补上安全教育这一课刻不容缓。

在校大学生特别是女大学生安全意识高吗?

"我的室友通过微信'摇一摇'认识了一名社会男子,最近他邀请我室友一起去爬山,我是不是应该劝她不要去?"2014年11月的一天,为增强女大学生的自我保护能力,重庆市南岸区检察院的检察官走进重庆工商大学进行安全教育宣讲,在现场互动提问环节,大一学生小胡将自己遇到的困惑告诉了现场答疑的检察官。

"你应该委婉地提醒她,不可以和新认识的朋友到偏僻的地方去。"针对小胡的问题,检察官们建议,网络的虚拟性,使网络比现实社会更复杂,为了避免不必要的麻烦,在网络中尽量不要公开自己的真实姓名、住址、电话号码等信息,尽量避免独自见异性网友,即使见面,地点也应选择在自己熟悉的、人多便于求助的公共场合,千万不要去对方家里或人少的公园等不熟悉的地方。在这场活动中,检察院针对不同专业的大一女生随堂分发了200份调查问卷,收回186份。检察官俞琬列举了几道题,称从数据分析来看,大学新生安全防范意识还有待提高。

"你出行会坚持选择正规营业的载客车吗?"40%的女生选择视路程远近而定。检察官认为,这是明显抱着侥幸心理。"一个人在寝室时,如果有推销人员敲门要求进门推销,你会怎么做?"选择马上开门的女生占33.3%。检察官认为,女大学生对陌生人的信任值较高,能对他人信任值得鼓励,但信任的前提是摸清对方底细。

在对网络交友的态度问题上,73.3%的学生表示一切随缘,这说明对网络交友的安全防范没有引起重视。

接受问卷调查的大一新生小刘,对"同租伙伴带回异性朋友后是否离开",她选择"打电话叫自己的闺蜜过来玩"。她表示,以安全防范意识的思维来做这些选择题,都容易选出正确的答案,可真正在实际中,遇到具体处境时,安全意识就变得弱了。

"在问卷调查中,大家的防范意识都很高,但这并不代表在实际生活中,大家不会被犯罪分子的花言巧语所骗。"活动后大家一致认为,应该强化学生的安全防范意识。

根据全国高校保卫学会对全国13个省、直辖市76所高校的调查显示,各高校刑事、治安案件的发生率、同比增长率以及案件涉及的人员数量都在持续增长。从涉案情况看,社会不法分子主要侵害学生的人身、财产安全和学校重要固定资产安全。《中国青年报》社会调查中心曾经对千名大学生进行在线调查显示，53.9%的大学生表示不会使用灭火器，70%的大学生没接受过安全自救知识的培训。

1.1.1 校园安全事件及突发事件

1. 校园安全事件（campus security incident）定义

所谓校园安全事件，是指在事先未预警的情况下围绕学校发生的，可能直接或间接威胁到学校正常的教学生活秩序，并会带来不良后果（比如伤害学校师生、破坏学校教学设施、损害学校形象和声誉等），而以学校现有的人力与资源难以立即有效解决的紧急事件。从广义上讲，校园安全事件是指学生在校期间，由于某种偶然突发的因素而导致的伤害事件。

校园安全事件既有一般事件所具有的共性，又有其自身的特点。就其特点而言，一是责任人一般是因为疏忽大意而不是因为故意而导致事故的发生，二是多为外部暴力袭击校园导致的伤害事件。

2. 校园常见的安全事件

（1）校园突发事故：因学校管理不善、学生自身安全意识不强及其他原因导致的事故。如坍塌、坠落、溺水、失踪、盗窃、挤压、践踏等事故。

（2）校园教学安全事故：大型活动（运动会、军训、晚会等）、体育活动与锻炼、上课、教学实习或社会实践过程中，由于突发原因或安全意识差、操作不熟练及不按要求操作而造成的伤害事故等。

（3）交通事故：因交通安全意识不强或其他原因导致的校内外交通事故。如不走人行道、随意横穿马路、强行超道、超速骑车或乘坐货车或超载车辆等。

（4）校园暴力事故：因安全防范措施不力而在校园发生的敲诈、抢夺、绑架、强奸、砍杀等事故。

（5）火灾事故：因违规用电、不当操作及其他因素导致触电、火灾等事故。

（6）校园卫生安全事故：因管理不到位、卫生设施差及其他因素导致的食物中毒、投毒及流行性传染病（登革热、霍乱、非典、禽流感）事故等。

（7）校园心理危机事故：因自身原因及受其他因素影响而导致的身心伤害

事故。如因自私、自卑、虚荣、任性、妒忌、妄为而发生的出走、自伤、自虐、自残、自杀、他杀等悲剧。

（8）校园网络与信息安全事故：失密、谣传、媒体失真报道、破坏校园网络安全运行的事件等。

（9）校园涉黄赌毒事件：如校园内进行涉黄、赌博、买卖或吸食毒品的违法犯罪现象。

（10）校园自然灾害事故：如地震、台风、冰雹、寒潮、泥石流、海啸、雾霾、极端气候等造成的事故。

3. 何谓突发事件（emergency）

突发事件可以被广义地理解为突然发生的事情：第一层的含义是事件发生、发展的速度很快，出乎意料；第二层的含义是事件难以应对，必须采取非常规方法来处理。

根据2007年11月1日起施行的《中华人民共和国突发事件应对法》的规定，突发事件是指突然发生，造成或者可能造成严重社会危害，需要采取应急处置措施予以应对的自然灾害、事故灾难、公共卫生事件和社会安全事件。

突发事件的分级标准由国务院或者国务院确定的部门制定。突发事件预警级别：一般依据突发事件可能造成的危害程度、波及范围、影响力大小、人员及财产损失等情况，由高到低划分为特别重大（Ⅰ级）、重大（Ⅱ级）、较大（Ⅲ级）、一般（Ⅳ级）四个级别，并依次采用红色、橙色、黄色、蓝色来加以表示。

4. 校园突发事件（campus emergencies）的分类

校园突发事件的发生会严重影响学校安全、稳定，扰乱学校正常的教学、工作、生活秩序，甚至危及学生的生命和财产安全，主要类别如下：

（1）社会安全类突发事件：包括校园内外涉及师生的各种非法集会、游行、示威、请愿以及集体罢餐、罢课、上访、聚众闹事等群体性事件；师生非正常死亡、失踪等可能会引发影响校园和社会稳定的事件等。

（2）突发公共卫生事件：即突然发生并造成或者可能造成师生健康严重损害的事件。包括发生在学校内的突发公共卫生事件和学校所在地区发生的可能对学院师生健康造成危害的突发公共卫生事件等。

（3）考试泄密、违规事件：包括由教育系统组织的国家级和省级统一考试中，在命题管理、试卷印刷、运送、保管等环节出现的泄密事件，以及在考试实施和评卷组织管理过程中发生的违规事件等。

（4）网络、信息安全事故：包括利用校园网络发送有害信息，进行反动、色情、迷信等宣传活动；窃取国家及教育行政部门的保密信息，可能造成严重后果的事件；各种破坏校园网络安全运行的事件等。

（5）影响校园安全与稳定的其他突发公共事件等。

【友情提示】 如何应对校园安全事件和突发事件

（1）报警。第一时间拨打110报警电话并向老师或辅导员、值班领导干部报告。

（2）积极面对事件真实情况，稳定情绪，服从学校指挥。

（3）保护现场，做好当事人和见证人的书面材料的收集和整理，配合警方调查。

（4）采取有效安全措施保护自己和他人。

（5）以最快的速度协助老师将伤员就近送往医院进行抢救，并帮助通知家长或亲属。

（6）在警方、老师的指导下帮助维持秩序、协助做好善后处理工作。

1.2　创建平安校园

【案例导读】

案例一：因为毒品，23岁少女的人生毁了

23岁的小黄总结自己染毒后的生活，割腕自杀5次，跳楼2次，5年时间有4年在坐牢。

相对于陌生人和直接贩毒者，朋友、恋人和同学成了接触新型毒品最大的危险源。尝试新型毒品的动机，60%是因为好奇。

远离毒品　珍爱生命

> **案例二：大学校园频现学生报复事件**
>
> 2007年5月上旬，某大学学生C某因对三名同学心怀不满，产生了报复之心。C某与T某（已逮捕）联系购买到230克硝酸铊。5月29日C某乘同学上课之机，将硝酸铊晶体放入一瓶矿泉水中溶解，用注射器分别向三个同学的杯中各注入2毫升。三名同学喝水后出现铊中毒不良反应并住院治疗。同年6月12日，公安机关对C某立案侦查。
>
> 20××年4月15日，某大学官方微博发布通报称，该校一医科在读研究生HH病重入院，寝室饮水机疑遭室友投毒。据警方发布消息称，室友LL因生活琐事与HH关系不和，心存不满，经事先预谋，于3月31日中午，将其做实验后剩余并存放在实验室的剧毒化合物带至宿舍，注入饮水机内。4月1日HH饮用饮水机水后出现中毒症状，后经医院救治无效于4月16日去世。

校园安全可以说包含着方方面面，学生在学校里所有可能受到伤害的地方，都是学校应该注意的地方。上述事件中有的学生失去了生命，有的学生终生残疾，或者心灵上终身留下了阴影。危害校园安全的很大一部分原因是在校学生的世界观、人生观尚未完全形成，很容易受周围环境不良因素的影响，缺乏法制观念，自我约束力差，是非观念不清，遇事不够冷静，容易感情用事。

1.2.1 创建平安校园

1. 什么是平安校园（safe campus）

所谓"平安"，《现代汉语词典》解释为"没有事故，没有危险，平稳安全"。这是狭义的"平安"。广义的平安是"大平安"，指的是社会太平、百姓生活安康，在学校是指校园安全稳定和谐发展。稳定压倒一切，只有"长治"才能"久安"，广义上的平安校园是利用各种人防、物防以及技防措施，降低校园事故发生。

平安校园内涵丰富，它既是校内治安良好的狭义"平安"，又涵盖校内思想政治稳定、饮食、交通、医疗、消防、网络等方面广义"平安"。因此，平安校园是一项系统工程，需要全校师生员工共同努力，齐抓共管，常抓不懈，做到"四个"确保（确保校内治安状况良好，确保教学生活秩序井然，确保教职员工安居乐业，确保学子专心向学）。

2. 创建平安校园意义

校园平安好读书，一位在校大学生是这样说的："校园平安关系到每个同学的切身利益，校园平安了，我们才能静下心来认真读书。"学校不是沙漠中一块安定独立的绿洲，而是整个社会大环境中的一部分，始终接受着外部的影响，校园"安全"问题常常被师生员工忽略，学生物品被盗、宿舍违章用电、饮食卫生、校园交通秩序、打架斗殴、酗酒等，这都构成了校园不安全因素。"安全"

作为人的"需求五层次"之一,可见其重要性,所以,创建平安校园要坚持以人为本的原则,以师生员工生命和财产安全为重点,以提高师生员工安全意识为核心,以实现"要我安全"向"我要安全、我会安全"转变,人人讲安全,个个都参与,做到"治之于未乱,防患于未然"。

【友情提示1-1】同学,你应该为创建平安校园做到:

(1) 自觉学习安全知识,努力提高安全防范意识;
(2) 遵守安全规章制度,维护学校安定稳定;
(3) 校园发生安全突发事件时,努力做到以下几点:①处变不惊,观察研判;②报告老师,服从指挥;③有序应对,确保安全。

1.2.2 创建平安校园的措施

(1) 坚持校园安全通报制度:填写校园安全通报记录表,及时发现与整改校园内存在的安全隐患,保障师生生命和财产安全。

(2) 设立校园安全岗,细化安全责任制,建立校园安全岗巡视制度,维持校园安全秩序,杜绝课间安全事故的发生。

(3) 签订安全责任书,强化安全责任意识,避免因安全意识淡化而产生的安全隐患。

(4) 强化校园安全文化建设,设置形式多样、教育意义显著的安全警示牌、标语。

(5) 定期组织开展不同类型的安全逃生演练活动,讲解在遇到重大险情时的疏散、自救方法,在潜移默化中锻炼与提高师生遇到紧急问题时的应对能力及自我保护能力。

(6) 创新安全教育形式,通过丰富多彩、形式新颖的安全教育活动,提高学生安全素质,增强自护防范意识。

1.3 远离低俗、恶俗文化

校园文化是学校发展的灵魂,是凝聚人心、展示学校形象、提高学校文明程度的重要体现。校园文化对学生的人生观、价值观产生着潜移默化的深远影响。

平安校园文化建设可以极大提升学校的文化品位,古人云:"近朱者赤,近墨者黑。"加拿大学者斯蒂芬·利考克教授也曾说过:"对大学生真正有价值的东西,是他周围的生活环境。"平安校园文化是一所学校综合实力的反映,是学校发展的重要保证。

【案例导读】

一个清纯的女孩说:"想知道亲嘴的味道吗?"马上就传来一群饥渴男人迫切的声音:"想知道!"听到回答,没想到那女孩倒矜持起来:"你们想到哪里去了,不是'亲嘴'是'清嘴'。"原来女孩说的是清嘴含片。

清嘴含片的广告无非是想让消费者记住品牌和产品,结果就玩出这样一个并不高明的噱头,文字游戏而已,看过后不免让人觉得品位不高,甚至还有点"色情"倾向。

低俗、恶俗文化主要是指媚俗、庸俗、低俗的文化现象,即回避崇高、情感缺失、以量代质、近亲繁殖、跟风炒作、权力寻租、解构经典、闭门造车、技术崇拜、政绩工程。当前校园文化较普遍存在着"娱乐性内容多、启迪性内容少的"反常现象,学校本该拥有的高雅、纯正正在日益流失与蜕化,严肃的学术氛围逐渐淡化,庸俗的行为正在潜滋暗长。武侠小说、言情小说在校园里广为流传,星象手册、流行歌曲充斥校园,同时还出现了"课桌文化"、庸俗的"饮食文化"以及不良的网络文化等与圣洁、高雅的校园文化极不相称的低俗文化。

为了抵制各种低俗、恶俗文化的泛滥,我们要大力倡导清新的校园文化。

1.3.1 低俗、恶俗文化的主要表现

1. 价值取向功利化

当弱者不再被同情,当善良一次次被嘲弄,当有老人摔倒很少有人敢扶

起……

我们还能笑得出来吗？社会伦理有自己的底线，道德也有自己的底线。低俗文化早晚会被时代唾弃。

而今的校园里有一股暗流在涌动，学习不愿吃苦，考试诚信缺失，浮华气息更进一步刺激着青年人的感官。

2. 审美情趣媚俗化

一个时期以来，"木子美""流氓燕""芙蓉姐姐"，在网上各领风骚，而她们是靠"隐私＋裸露＋自恋"出名的，鄙俗文化渐渐成为现代人的"精神佳肴"。

3. 交际语言粗俗化

BBS、QQ群、QQ空间、网络日记、网络文学等都是校园网络文化的表现形式，网络语言的粗俗化也成为网络交往中的一景。首先，网络语言是错别字的天下，例如，"斑竹"（版主）、"菌男"（俊男）、"霉女"（美女）、"气死我乐"（气死我了）等，其次，网络也是怪话粗话的天下，如"TMD（他妈的）、WBD（王八蛋）、P（屁）、NQS（你去死）、SHIT（狗屎）"等随处可见。如今，网络语言的粗俗化有愈演愈烈之势，并开始向传统媒体渗透。

1.3.2 校园文化低俗化对学生的危害

（1）消解了德育功能，扰乱了学生的思想。
（2）危害了学生的身心健康。
（3）影响了正常的学习与生活。

1.3.3 抵制校园低俗、恶俗文化的对策

（1）牢固树立科学的世界观、人生观和价值观，不断提高自身的文化品位和分析鉴别能力，增强自身抵御不良文化影响的免疫力。

（2）积极弘扬和继承"自强不息""威武不屈"等中华民族优秀传统文化中的精髓，提高自己的思想道德素质。

（3）积极参加各种校园文化建设活动。

积极参与各种社团、兴趣小组，开展古诗词、书法、国画等传统文化系列活动，培养对传统文化的热爱，营造平安校园文化氛围，例如：①参加每周的升国旗仪式；②参加各种节日开展的爱国主义教育活动；③参加"爱祖国""爱家乡""爱班级"的主题活动；④参加各种有益身心健康的课外活动，例如，唱一首歌曲、温一段歌词、树一个典型、说一段感言、做一件好事、展一个梦想等。

【友情提示1-2】学生安全守法九不准与九做到

（1）不准在宿舍卧床吸烟和私接电线； （2）不准在宿舍点蜡烛或用明火、电器加工食物； （3）不准擅动消防器材； （4）不准夜不归宿、晚归宿和未经批准在外租房住宿； （5）不准私留他人在宿舍住宿； （6）不准翻越校园围墙、围栏； （7）不准在网上浏览、制作、传播有害信息； （8）不准赌博和吸食、制贩毒品； （9）不准酗酒和打架斗殴。	（1）做到自觉遵守国家法律法规和校规校纪； （2）做到遵守社会公德，爱护公共财物； （3）做到崇尚科学，抵制邪教、反对迷信； （4）做到遵守交通规则，发生交通事故及时报警； （5）做到出门锁门，插门就寝； （6）做到将余款存入银行，随用随取； （7）做到遵守各种安全规定，保证人身安全； （8）做到同学间和睦相处，互相宽容，避免因琐事引发治安、刑事案件； （9）做到理智对待诱惑，不轻信盲从，防止上当受骗。

【训练与提高】

（1）你知道创建平安校园有哪些意义吗？
（2）当校园暴力出现时你恰好在现场，你该怎么做？
（3）你了解校园安全事件及突发事件的类别吗？举例说说。
（4）创建平安校园，你该做点什么？
（5）抵制校园低俗、恶俗文化你有什么好建议？

第 2 章 日常安全必读

2.1 自然灾害预防与应对

自然灾害（natural disasters）是指由于自然异常变化造成的人员伤亡、财产损失、社会失稳、资源破坏等现象或一系列事件。按照自然灾害对校园的影响，可以分为主要自然灾害与其他自然灾害。主要自然灾害包括地震、水灾、闪电、台风、冰雹、高温天气和寒潮等；其他自然灾害包括火山、海啸、雪崩、泥石流和沙尘暴等。自然灾害是平安校园建设的一大威胁。这里只针对校园内可能发生的自然灾害进行介绍，为在校学生提供一些基本常识。

【案例导读】

案例一：

20××年5月12日14时，是一个会铭刻在许多人心底的令人哀痛的时刻。在S省W县，发生了里氏8.0级的强烈地震，无数生命在那一刹那消逝，与我们永别了。在这中间，特别让人痛心的是，有许多学校灾难性地垮塌，许多年轻的生命过早地离开了我们。

在某学校，教学楼仅5秒钟就垮塌，有1 000多名学生仅仅含苞还未绽放就凋谢了；在另一学校，唯一的一栋建于20世纪70年代的四层教学楼顷刻间垮塌了，据统计该校遇难教师14人，遇难学生213人，失踪学生23人。

案例二：

20××年10月2日台风"龙王"肆虐东南沿海F省，暴雨持续了近14个小时，3小时降雨量达195毫米，雨量之大为百年一遇。某市区到处可见狂风暴雨侵袭后留下的沙石，主要街道积水最深处达2米，随处可见被淹熄火的汽车，全城10多个路段实行了交通管制。此次台风造成该市多所高校受灾，其中最严重的3所高校直接经济损失达6800万元。在受到台风"龙王"侵袭后，该市各级各类学校迅速施救，以确保在台风后很快恢复上课。

上述案例中的地震、台风都是短时间、局部、突发性强的自然灾害，其危害性巨大，人员伤亡、直接和间接经济损失是灾害的严重后果。

自然灾害的种类繁多，比较常见的有地震、火灾、雷击、台风和水灾等。这些灾害的破坏性极大，对校园安全造成极大威胁。

2.1.1 地震的避险与自救

地震（the earthquake）是地壳层能量突然释放而引起地表面的震动，强度较高的地震会在短时间内给人类带来巨大的灾难，甚至是毁灭性的破坏。地震发生时的应对办法如下：

发生地震时，最重要的是要有清醒的头脑、镇静自若的态度。只有镇静，才有可能运用平时学到的地震知识判断地震的大小和远近。近震常以上下颠簸开始，之后才左右摇摆；远震却少上下颠簸的感觉，而以左右摇摆为主而且声脆，震动小。一般小震和远震不必外逃。

发生地震时，要听从现场工作人员的指挥，不要慌乱，不要拥向出口，要避免拥挤，要避开人流，避免被挤到墙壁或栅栏处。

地震被埋后，首先，不要紧张，不要大声哭喊，要保存体力，尽量闭目养神；其次，积极呼救，听到人声时用石块敲击铁管、墙壁发出呼救信号；最后，相信救援人员，按照救援人员的要求行动。

【友情提示】地震时如何紧急疏散？

1. 在宿舍或教室遭遇地震的应急要点

（1）要保持镇静，切莫惊慌失措。迅速有序地紧急疏散到安全地带，避免相向乱跑及拥挤，最后撤离人员应关好电闸、水阀。

（2）已经脱险的师生震后不要急于返回室内，以防余震。

（3）地震发生过程中，应迅速抓个垫子之类的东西保护头部，选择床下、讲台、课桌下闭上眼睛，并用毛巾或衣物捂住口鼻隔挡灰尘；地震停止后，立即快速离开。

（4）要远离外墙、门窗和阳台；不要使用电梯；不能跳楼。

2. 在室外时遭遇地震的应急要点

（1）在市区时，迅速跑到空旷地带蹲下，用手护住头部，并尽量避开高大建筑物、立交桥，远离高压电线。

（2）在野外时，应尽量避开山脚、陡崖，以防地震引起滚石和滑坡。

（3）在海边时，应迅速远离海边，以防地震引起海啸。

（4）驾车行驶时，应迅速躲开高大建筑物、立交桥、陡崖、电线杆等，选择空旷处停车。

3. 当身体受到地震伤害时应采取的自救措施

（1）应设法清除压在身上的物体，尽可能用湿毛巾等捂住口鼻防尘、防烟。

（2）用硬物敲击物体向外界传递本人受伤地点，不要大声呼救，以保存体力。

（3）设法用砖石等支撑上方不稳的重物，保护自己的生存空间。

4. 师生参加震后搜救时应采取的措施

（1）应循着呼喊、呻吟和敲击器物的声音判定被困人员准确的位置。

（2）施救时不可使用铁锹、锄头、十字镐等利器刨挖，以免使被困人员受伤。

（3）找到被埋压者时，要及时清除其口、鼻内的尘土，使其呼吸畅通。

（4）发现幸存者但解救困难时，先输送新鲜空气、水和食物，再请专业救援人员来施救。

2.1.2 水灾的预防与应对

水灾（flood）一般是因久雨、山洪暴发或河水泛滥等原因造成的，海底地震、飓风和反常的大浪大潮以及堤坝坍塌等也是造成水灾的原因。

发生水灾时，可采取如下 14 项措施

（1）受到洪水威胁，应按照预定路线，有组织地向山坡、高地等处转移。

（2）立刻发出求救信号，以争取被营救的时间。

（3）要关掉燃气阀和电源总开关，以免引起火灾，或漏电伤人。

（4）迅速收拾好贵重的物品，以防水淹。

（5）在受到洪水包围的情况下，要尽可能利用船只、木排、门板、木床等，做水上转移。

（6）身处危险地带，应尽快脱离现场，迅速转移到高坡地或高层建筑物的楼顶上。

（7）如果来不及转移时，要立即爬上屋顶、楼房高层、大树、高墙，做暂时避险，等待救援。

（8）熟悉水性的人应该想方设法把年老体弱和不会游泳的人救到高处避难。

（9）不要独自游水转移。

（10）如果水面上涨的时候被困在坚固的建筑物里，应在原地等待救援。

（11）发现高压线铁塔倾倒、电线低垂或折断，要远离避险，不要触摸或接近高压线铁塔倾倒、低垂或折断的电线，防止触电。

（12）在山区，如果连降大雨，最容易暴发山洪。遇到这种情况，应注意避免渡河，以防止被山洪冲走。

（13）除了要注意洪水造成的伤害外，还要注意防止山体滑坡、滚石、泥石流的伤害。

（14）洪水过后，要服用预防流行病的药物，做好卫生防疫工作，避免发生传染病。

水灾的预防与应对措施

1. 快速了解自己所处的位置及最高警戒水位，以便在发布水灾警告之后正确地做出反应。

2. 水灾时，用布袋、塑料袋装满沙子、泥土或碎石，放在门槛外侧，堵住大门下面所有空隙，然后尽量准备应急的食物、保暖的衣服和可饮用的水；另外，准备手电、蜡烛、火柴、哨子、镜子和色彩鲜艳的衣服，以便用作求救时的信号。

如果建筑物已经进水并且无法阻止，应该迅速转移到上一层房间；如果是平房则应转移到屋顶，只有在大水可能冲垮建筑物或水面没过屋顶的时候，再选择撤离，否则原地不动，等待救援。

3. 要远离输电线路，不用浸湿电器，避免发生触电现象，也不要使用已经被水弄湿的电器。

4. 水灾极有可能会污染水源，因此准备一些瓶装水以应对水污染。

5. 水灾过后注意防疫防病。水灾过后，要积极开展周围环境的消毒工作，避免病毒流行扩散，如有可能，在汛期来临之前应尽快注射疫苗。

2.1.3 雷雨的预防与应对

雷雨（thunderstorm）是空气在极端不稳定状况下，所产生的剧烈天气现象，它常挟带强风、暴雨、闪电、雷击，甚至伴随有冰雹或龙卷风出现。

雷电交加时的应对措施	户外如何躲避雷击
（1）雷电天气时，关紧门窗，防止雷电侵入。 （2）切断一切电源，拔掉电话插头。 （3）远离煤气、自来水管道等金属类管道。 （4）不用喷头淋浴，以免水流导电。 （5）不要站在阳台、平台和楼顶上。	（1）远离建筑物外露的水管、煤气管等金属物体及电力设备。 （2）不要打伞行走，不要将手中物体举过头。 （3）不要在雷雨中打球、踢球、骑车或狂奔。 （4）不要在大树下避雨，安静等待雨停。
躲避雷击时正确的身姿	对遭雷击者急救的措施
（1）双手抱膝并蹲下，尽量低头，注意不要用双手碰触地面。 （2）当来不及离开高大物体时，应马上用干燥的绝缘体置于地上，脚部不要放在绝缘物体以外。 （3）不要手拉手一起走，躲避时人与人之间应有一定的距离，以避免导电。 （4）看到高压线遭雷击断裂后，双脚并拢跳着逃离现场。	（1）首先进行人工呼吸。 （2）马上对心脏进行按摩，同时送往医院或通知医疗机构前来救助。 （3）如果伤者衣服着火，应让伤者躺下，以免烧灼面部，并马上采取泼水或用被、毯、衣物等包裹的灭火措施。

2.1.4 台风的预防与应对

（1）注意收听收看有关天气预报，做好预防准备工作。

（2）教室等校园主要建筑物需要加固的部位及时加固，关好门窗。

（3）准备好食品、饮用水、照明灯具、雨具及必需的药品，预防不测。

（4）疏通校园泄水、排水设施，保持通畅。

（5）台风到来时，要尽可能待在室内，减少外出。

（6）遇有大风雷电时，要谨慎使用电器，严防触电。

（7）密切注意校园周围环境，在出现洪水泛滥、山体滑坡等危急情况时，及时组织转移。

（8）风暴过后，要注意校园卫生防疫，减少疾病传播。

【友情提示】 台风中受伤后不要盲目自救，请拨打120

台风中外伤、骨折、触电等急救事故最多。

外伤主要是头部外伤，被刮倒的树木、电线杆或高空坠落物如花盆、瓦片等击伤；电击伤主要是被刮倒的电线击中，或踩到掩在树木下的电线。

发生急救事故，先拨打120，不要擅自搬动伤员或自己找车急救。如果搬动不当，对骨折患者会造成神经损伤，严重时会发生瘫痪。

2.1.5 高温天气的防护与急救

1. 高温天气应急防护措施

（1）应避免午后高温时段的户外活动，尽量留在教室，外出时要防晒。

（2）暂停集体户外活动或室内大型集会。

（3）选择适合校园降温的方法，比如向地面洒水等。

（4）浑身大汗时，不宜立即用冷水洗澡；应先擦干汗水，稍作休息再用温水洗澡。

（5）注意作息时间，保证睡眠。

（6）不要过度饮用任何冷饮或含有酒精的饮料，多饮凉白开水、冷盐水、白菊花水、绿豆汤等。

2. 高温天气的急救

高温期间不要到拥挤的地方。酷暑期间，不要等口渴了才喝水，要根据气温的高低，每天喝1.5~2升水。出汗较多时可适当补充一些盐水。夏天的时令蔬菜、新鲜水果都可以用来补充水分。另外，乳制品既能补水，又能满足身体的营养之需。

高温天气造成的伤害与应对

名称	症状	急救措施
晒伤	皮肤红痛，可能肿胀，有水泡；发热或头痛	用肥皂擦拭可能阻塞毛孔的油脂。用干燥、无菌的绷带敷在水泡上，并到医院治疗
痉挛	突发疼痛痉挛，尤其是腿部和腹部肌肉，大量出汗	将伤者挪至凉爽处，轻轻舒展肢体，每15分钟喂少量凉水。若患者呕吐，停止喂水

续表

名称	症　状	急救措施
中暑	大量出汗，皮肤发凉，面色苍白或发红；脉搏微弱；体温有可能保持正常或升高；昏迷或头昏眼花，呕吐，疲惫无力或头痛等	让患者在凉爽处躺下，解开或脱去衣服，准备浸过凉水的布。如果患者意识清楚，每15分钟喂少许水；如果患者呕吐，立即寻求医疗
急性疾病	体温高达40度以上；皮肤红、热、干；脉搏快而微弱；呼吸快而微弱；有可能无意识	打120急救电话或立即送往医院；将患者移至凉爽环境中，脱去衣服，试着用海绵或者湿巾擦拭患者身体以降温。关注患者呼吸情况。使用风扇或空调降温

2.1.6　冰雹灾害的预防与应对

冰雹（hail）灾害是由强对流天气系统引起的一种剧烈的气象灾害，冰雹出现时，常伴有暴雨、雷电、狂风、强降水、急剧降温等，是大气中一种短时、小范围、剧烈的灾害性天气现象。它出现的范围虽然较小，时间也比较短促，但来势猛、强度大。

冰雹来袭的防范：

（1）在多雹季节，注意收听有关降雹的预报（一般冰雹直径会超过1厘米时，气象部门将发布冰雹警报）。

（2）要注意添加衣物，注意保暖。

（3）关好门窗，妥善安置易受冰雹、大风影响的室外物品。

（4）暂停户外活动，勿随意出行。

（5）下冰雹时，应在室内躲避；如在室外，应用雨具或其他代用品（鞋子）保护头部，并尽快转移到室内，避免被砸伤。

2.1.7　寒潮灾害的预防与应对

1. 寒潮来袭的应对

（1）准备防水外套、手套、帽子、围巾、口罩。

（2）检查暖气设备、火炉、烟囱等确保正常使用；燃煤、柴等储备充足。

（3）节约能源、资源，室温不要过高。

（4）注意汽车防冻。

2. 寒潮天气的防范

（1）注意收听天气预报及紧急状况警报。

（2）多穿几层轻、宽、舒适并暖和的衣服，尽量留在室内。

(3) 注意饮食规律，多喝水，少喝含咖啡因或酒精的饮料。
(4) 避免过度劳累。
(5) 警惕冻伤信号：手指、脚趾、耳垂及鼻头失去知觉或出现泛苍白色。如出现类似症状，立即采取急救措施或就医。
(6) 使用暖水袋或热宝取暖，但小心被灼伤。
(7) 尽量不外出。

【训练与提高】

(1) 地震来临在教室和宿舍的同学如何紧急疏散？
(2) 在山区，发生雷雨和水灾时应避免去哪些地方？
(3) 台风来临前应做哪些必要的准备？
(4) 你知道天气预报的预警图标吗？

2.2 交通安全须知

【案例导读】

案例一：

2016年5月10日16时15分，谢某恒（学生）驾驶无牌两轮电动车后载雷某宵（学生），沿梁厝路由西往东方向行驶至梁厝路榕轩宾馆路段时，谢某恒驾车失控后碰剐路南侧路沿石，冲上路南侧人行道，后又撞上山体墙，事故造成谢某恒及雷某宵受伤、谢某恒送医院后抢救无效，于当日死亡。

案例二：

2016年2月24日7：00左右，林某鑫（学生）驾驶无牌两轮摩托车行驶至集美区万科金域华府社区内路口（杏林东路）时，与林某兰驾驶的闽D9519J小型轿车、行人李某彬发生碰撞，造成车损及李某彬受伤，林某鑫受伤经送医院抢救无效，于当日死亡。

案例三：

2016年10月22日14时35分许，翁某健（学生）未取得机动车驾驶证、未戴安全头盔驾驶闽 CZP359 号普通二轮摩托车（车后载初某燕、罗某杨，均为学生）沿 324 线国道由泉州往福州方向行驶，行驶于路右慢车道至 152 千米处（324 线国道与驿峰路交叉路口），遇对向赵某海驾驶鲁 HBV599 号重型特殊结构货车由路左车道往路右驿峰路口转弯行驶，翁某健采取措施不及，致闽 CZP359 号二轮摩托车前侧于路右慢车道与上述重型特殊结构货车前保险杠右侧等部位发生碰撞，造成翁某健当场死亡、初某燕、罗某杨经送医院抢救无效当天死亡。

"交通事故"（traffic accident）是指车辆在道路上因过错或者意外造成人身伤亡或者财产损失的事件。

《中华人民共和国道路交通安全法》自 2004 年 5 月 1 日起施行。2004 年至 2015 年，我国机动车驾驶人数量从 0.75 亿人增长到 3.27 亿人，机动车保有量从 1.07 亿辆增长到 2.78 亿辆，公路通车里程从 187 万千米增长到 457 万千米。

根据公安部的最新统计，2016 年中国的道路交通事故死亡人数约为 40 824 人，与 2015 年的 36 178.8 人相比，增加了 4 646 人。2016 年汽车保有量超过 200 万辆的城市及 2016 年各类生产安全死亡事故中交通事故死亡人数所占的比例，如下图所示。

2016 年汽车保有量超过 200 万的城市

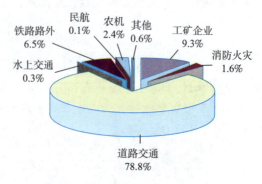

2016 年全国各类事故死亡人数比例图

2.2.1 校园内的交通安全

校园交通意外的直接原因是校园的机动车和非机动车辆日益增多。校园里的道路较狭窄,一般没有专门的人员来管理和指挥交通,有些机动车又没有做到在校园中减速慢行,因而,增加了交通事故的发生概率。校园交通安全隐患的另一个原因是学生的交通安全意识薄弱,很多学生想当然地以为,学校里是绝对安全的,因此,在校园里走路时非常随意,有的学生边走边看书,有的边走边玩手机发微信,有的边走边和同学说话嬉戏,毫不在意来往车辆,导致出现事故。

校园的交通安全事故的主要表现形式:
(1) 弯道上不注意躲避来往车辆。
(2) 行走时在路上玩耍、看手机或者打电话。
(3) 骑自行车、电动车带来的事故。

2.2.2 校园外的交通安全

随着学生外出机会的增多,不遵守交通规则,发生交通事故的概率随之增大。有的学生公寓建在校外,每天上课、下课时在校园周边地区形成人流、车流高峰,成为学生交通事故新的多发地带。

校园外的交通安全事故的主要表现形式:
(1) 行走时发生交通事故。
(2) 骑自行车、电动车时发生交通事故。
(3) 乘坐交通工具时发生交通事故。
(4) 宁愿横穿马路、不走过街天桥导致的事故。

【安全权威提示】

《中华人民共和国道路交通安全法》第六十二条规定:行人通过路口或者横过道路,应当走人行横道或者过街设施;通过有交通信号灯的人行横道,应当按照交通信号灯指示通行;通过没有交通信号灯、人行横道的路口,或者在没有过街设施的路段横过道路,应当在确认安全后通过。

很多校园外面交通状况复杂,机动车辆多,行人穿过马路安全率低。有过街天桥的地方,行人很多时候放弃天桥,冒险穿越马路。

2.2.3 交通事故的预防

发生交通事故最主要的原因是思想麻痹、缺乏安全防范意识。因此,掌握基本的安全常识,增强交通安全意识,以及自觉遵守交通法规,才能做到安全。

【安全权威提示】

《中华人民共和国道路交通安全法》规定:行人应当在人行道内行走,没有人行道的靠路边行走。

横过道路时,要选择有人行横道的地方。这是行人享有"先行权"的安全地带。在没画人行横道的地方横过道路,要特别注意避让来往的车辆。

避让车辆最简单的方法是:

(1)走人行道。

(2)横穿马路时,要做到"一停,二看,三通过",先看左边是否有来车,再看右边是否有来车,确认安全时方可横过道路。

(3)在汽车已经临近时不能急匆匆过道路。

2.2.4 交通事故的正确处理

1. 交通事故急救基本原则

(1)首先拨打"120"电话求助。

(2)先重后轻。遇到多位受伤人员,要先抢救伤势重的人,再抢救伤势轻的人。

(3)先止血后包扎。当伤员流血过多时,不要急于包扎,而是先认真观察伤口的出血情况;在包扎伤口前,做好止血措施。如果失血量超过人体血量的40%,伤者就可能死亡。

(4)先固定再搬运。在搬运伤者之前,应先固定好骨折部位,以免骨骼发生错位,损伤附近的血管、神经或压迫呼吸。

2. 事故现场救护常识

(1)首先拨打"110""120"报警,等候交通警察和急救前来处理事故。

(2)积极寻找伤员,注意检查受伤部位,并对重伤员进行优先救助处理。

(3)对呼吸、心跳骤停的伤员,应立即清理其上呼吸道,以免痰液阻塞气道,或者血液倒流堵塞气道而发生窒息,并进行人工呼吸。

（4）对创伤出血，要先判断是静脉出血还是动脉出血，并临时用指压止血。动脉出血，来势凶猛，颜色鲜红，呈喷射状涌出；静脉出血，血液的颜色呈暗红色，血液连续不断均匀地从伤口流出；毛细血管出血，呈小点状红色血液，从伤口表面渗出。

（5）就地取材及时包扎伤口。

（6）骨折的伤者，最好由四人抬出，一个人托住肩部，一个人托住腰部，一个人托住臀部，一个人托住双腿，搬动时用力要均衡。

（7）在运送脊柱、脊髓受伤伤员时，务必谨慎、得当，避免脊柱弯曲或扭转，应用硬板担架运送，尽量减少搬运次数。

（8）有异物扎入体内时，应仔细检查，估计扎入的深度，不要随意拔出。应将异物外露的部分剪短，以防在搬运中加重器官的损伤。

【安全小知识】

科学研究表明：受伤后至手术时所间隔的时间与死亡率是成正比的，危重伤病员每延迟30分钟，死亡率则增加3倍，因此运送伤员应力求迅速。

3. 交通事故的处理办法

（1）及时报警；

（2）保护现场；

（3）控制肇事者或记住相应信息。

【安全权威提示】

《中华人民共和国道路交通安全法》第七十条规定：

在道路上发生交通事故，车辆驾驶人应当立即停车，保护现场；造成人身伤亡的，车辆驾驶人应当立即抢救受伤人员，并迅速报告执勤的交通警察或者公安机关交通管理部门；因抢救受伤人员变动现场的，应当标明位置；乘车人、过往车辆驾驶人、过往行人应当予以协助；道路上发生交通事故，未造成人身伤亡，当事人对事实及成因无争议的，可以即行撤离现场，恢复交通，自行协商处理损害赔偿事宜；不即行撤离现场的，应当迅速报告执勤的交通警察或者公安机关交通管理部门；在道路上发生交通事故，仅造成轻微财产损失，并且基本事实清楚的，当事人应当先撤离现场再进行协商处理。

2.3 饮食安全必读

【案例导读】

食物中毒事件：南通发生疑似食物中毒事件，土豆烧鸡块"撂倒"80人

2016年6月25日，南通市通州湾科创城发生疑似食物中毒事件。截至26日下午，经当地食药监局确认，约有80人在科创城食堂就餐后，先后出现腹泻、腹痛、呕吐甚至发热等中毒症状。

一培训机构南通特训营的老师说，通州湾科创城是南通通州湾科教产业基地，暑期集聚了不少培训机构，各类学生约上千人。学生平时主要集中在科创城生活服务中心食堂就餐。25日午后开始，在这里参加考研、艺术培训的学生及少量社会务工人员，先后出现呕吐、发热、乏力、腹泻等症状。至26日一早，到科创城医务室就诊的类似症状患者越来越多，部分严重的患者被送往附近三余、金沙等地医院治疗。

参加艺考培训的一位王姓同学介绍说，25日中午，他在生活服务中心的二楼食堂就餐，吃的土豆烧鸡块，很快就感觉肠胃不舒服，并出现呕吐、腹泻的症状。他同宿舍的几位同学也吃了土豆烧鸡块，大家都拉肚子，争着上厕所，班上同学的微信圈里全是求止泻药的留言。

目前，当地市场监管、公安等部门对科创城食堂进行了暂时关闭，并封存了食物，同时对可疑食物、水源等抽样送检，以进一步确定原因。学校也已安排人员统一购置外卖，解决学生就餐问题。

学校食堂的服务对象是在校师生,食堂提供的一日三餐能否做到既安全又科学营养,直接关系到师生的身心健康,稍有不慎,就会造成校园食品安全事故,这方面的前车之鉴,早已是不胜枚举。

2.3.1 食物中毒的预防

学生预防食物中毒应注意以下七点:
(1) 学生应尽量在学校的食堂用餐。
(2) 如果在校外的摊位或小店用餐,注意察看其卫生条件,尽量不要在露天的摊位上用餐。
(3) 认真对待食品的"有效期"和"保质期"。在超市或便利店购买食物,对于过期的、涨袋的、包装变形的盒装食品和盖子鼓起的罐装食品不要购买食用。
(4) 购买熟食一要看颜色,二要嗅味道,变质的熟食一律不吃。
(5) 不吃隔夜菜,不喝隔夜汤,更不要吃腐烂变质的蔬菜,防止亚硝酸盐中毒。
(6) 注意个人用餐卫生,餐前便后洗手,常常修剪指甲。
(7) 如果对水果和蔬菜等生鲜食品有怀疑,最好的办法是煮食、烹调、削皮或扔掉。

【安全小贴士】下列食品不能混搭食用

(1) 饮酒之后勿服安眠药。
(2) 胡萝卜与水果不要同时食用。
(3) 柿子不能与地瓜、豆腐、蜂蜜同食。
(4) 鸡蛋和豆浆不能一同食用。
(5) 吃火锅喝啤酒易吃出痛风症。
(6) 葡萄、山楂、石榴、柿子等水果不能与海鲜同食。

2.4 用电用水安全

【案例导读】

案例一:某学校清晨发生火灾,四名女大学生跳楼身亡

20××年11月14日上午6时许,某学校女生宿舍楼发生火灾,4名女生情急之下跳楼死亡。该地警方就该学生宿舍起火事故发布初步调查结果:经消防部门勘查,发生在某学校宿舍楼的火灾原因已初步查明,系该女生宿舍学

生使用"热得快"电器发生故障，并引燃周围可燃物所致。

水能导电，勿湿手开关电器或插、拔电器插头。

案例二：电线搭告示牌，学生意外触电

20××年6月23日，某学校两名学生课间在校园内先后触电，其中一名男孩触电身亡，一女孩触电受伤。

据死者的亲属介绍，当天下午第一节下课后，该男孩拿着抹布到洗手池洗抹布，经过洗手池附近的一处金属告示牌时不幸触电。下午3时40分许，男孩的父亲接到校方电话后立即赶到医院，此时男孩已经死亡。公安部门经过初步调查后认为，该学校教学楼二楼的一根掉落的电线搭在告示牌上，这可能就是导致男孩触电身亡的原因。据了解，当天该校还有另外一名女生在同一地方也触电受伤。掉落的电线意外搭在金属告示牌上，成为让学生送命的罪魁祸首。安全用电无小事，小概率事件同样不能忽视。

2.4.1 学生用电安全须知

（1）使用电器前，先认真阅读使用说明书，掌握使用方法和注意事项。

（2）不随意拆卸、安装电源线路、插座、插头等，不可用手或导电物（如铁丝、钉子、别针等金属制品）去接触、探试电源插座内部，不用湿手触摸电器，不用湿布擦拭电器。

（3）电器使用完毕后应拔掉电源插头；插拔电源插头时不可用力拉拽电线；保险丝被烧断要及时更换，千万不能用铜丝、铝丝、铁丝代替保险丝。

（4）家用电器在使用中，发现有异常的响声、气味、温度或冒烟冒火，要立即切断电源，不可盲目用水扑救。

（5）发现有人触电要设法及时关断电源，或者用干燥的木棍等物将触电者与带电的电器分开，不要用手去直接救人；如果触电者靠近高压电，必须保持在50米以外，应尽快报警，不要盲目施救。

（6）触电者触电后如果神志清醒，但感乏力、头昏、心悸、出冷汗，甚至恶心呕吐，应让其就地平卧，严密观察，不可让其站立或走动，防止继发性休克或心衰；如果神志不清，但呼吸、心跳尚存，应使其仰卧，保持周围空气流通，并立即拨打 120 急救电话通知医院，与此同时做好人工呼吸的急救准备。

2.4.2　用水安全须知

（1）无论是在校内还是在校外，都要饮用煮沸的水。
（2）对混浊的水需要先过滤再处理，水过滤后看上去很洁净，但并不安全，还需要煮沸或化学消毒。最简便有效的消毒方法是煮沸，水经煮沸 10 分钟后即可安全地饮用。
（3）节约用水、低碳用电。
（4）避免带水用电。
（5）注意水管的清洁。

2.5　紧急疏导与防空

【案例导读】

案例：
20××年 10 月的某一上午第四节下课后，同学们争先恐后冲出教室，楼上走廊里一大群学生往楼下奔跑，上百个拥抢着下楼的学生踩踏滚翻成一团，一层一层压在一起堆成了一座"人山"！这是发生在某学校的一起严重的学生踩踏事件，9 名学生受伤住进了医院，2 人重伤。

校园发生的踩踏事件，都会在不同程度上造成较严重的人员伤亡，严重影响校园的正常教学生活秩序，造成很坏的影响。紧急疏导与避险是平安校园建设的又一重点，让学生认识发生拥挤踩踏事故的主要原因、严重后果及其防范措施，了解在楼梯间打闹、搞恶作剧或造成楼道拥堵的危险性很有必要，建议学校要在建筑楼梯间设置指示、警示标志，告知学生上下楼梯相互礼让，靠右行走，遵守秩序，注意安全，严防拥挤踩踏等安全事故的发生。

2.5.1　如何避免被踩踏

（1）在行进中，发现慌乱的人群向自己方向涌来，应快速躲到一旁，等人群过去后再离开。

（2）在拥挤混乱的情况下，双脚站稳，抓住身边一件牢固物体（栏杆或柱子），但要远离店铺的玻璃窗和柜台的玻璃板。

（3）一旦被人挤倒在地，设法使身体蜷缩成球状，双手紧扣置于颈后，保护好头、颈、胸、腹部。

（4）参加集体活动，要穿有带的鞋或跟脚的鞋，眼镜要加固，女学生长头发要盘紧。

2.5.2　遭遇拥挤的人群怎么办

（1）发觉拥挤的人群向着自己行走的方向拥来时，应该马上避到一旁，但是不要奔跑，以免摔倒。

（2）如果路边有商店、咖啡馆等可以暂时躲避的地方，可以暂避一时。切记不要逆着人流前进，那样非常容易被推倒在地。

（3）若身不由己陷入人群之中，一定要先稳住双脚。切记远离玻璃等易碎锋利物品，以免被扎伤。

（4）遭遇拥挤的人流时，一定不要采用体位前倾或者低重心的姿势，即便鞋子被踩掉，也不要贸然弯腰提鞋或系鞋带。

（5）如有可能，抓住一样坚固牢靠的东西，例如路灯柱之类，待人群过去后，迅速而镇静地离开现场。

2.5.3　出现混乱局面后怎么办

（1）在拥挤的人群中，要时刻保持警惕，当发现有人情绪不对，或人群开始骚动时，就要做好准备保护自己和他人。

（2）此时脚下要敏感些，千万不能被绊倒，避免自己成为拥挤踩踏事件的诱发因素。

（3）当发现自己前面有人突然摔倒了，要马上停下脚步，同时大声呼救，告知后面的人不要向前靠近。

2.5.4　事故已经发生该怎么办

（1）拥挤踩踏事故发生后，一方面要赶快报警，等待救援，另一方面，在医务人员到达现场前，要抓紧时间用科学的方法开展自救和互救。

（2）在救治中，要遵循先救重伤者、老人、儿童及妇女的原则。判断伤势的依据有：神志不清、呼之不应者伤势较重；脉搏急促而乏力者伤势较重；血压下降、瞳孔放大者伤势较重；有明显外伤，血流不止者伤势较重。

（3）当发现伤者呼吸、心跳停止时，要赶快做人工呼吸，辅之以胸外按压。

2.5.5　危急时刻如何保持心理镇定

（1）在拥挤的人群中，一定要时时保持警醒，不要总是被好奇心理所驱使。当面对惊慌失措的人群时，更要保持自己情绪稳定，不要被别人感染，惊慌只会使情况更糟。

（2）已被裹挟至人群中时，要切记和大多数人的前进方向保持一致，不要试图超过别人，更不能逆行，要听从指挥人员口令。同时发扬团队精神，因为组织纪律性在灾难面前非常重要。专家指出，心理镇静是个人逃生的前提，服从大局是集体逃生的关键。

2.5.6　防空知识简述

人民防空，简称"人防"，国外一般称民防。是指国家根据国防需要，动员和组织人民群众采取防护措施，防范和减轻空袭危害。

人民防空的基本目的是采取各种有效的防护手段，保证城市各种功能正常运

行，保护战争潜力，稳定后方，支援前线。

1. 防空袭的方式方法

（1）防空警报。防空警报，是防空袭行动的信号。对于保护人员生命财产安全，夺取防空袭斗争主动权，具有十分重要的意义。

防空警报可分为：预先警报、空袭警报、解除警报三种。音响特征：预先警报鸣30秒，停24秒，重复3次为1个周期，时间3分钟；空袭警报鸣6秒，停6秒，重复15次为1个周期，时间3分钟；解除警报连续长鸣3分钟。

（2）疏散防护。疏散防护，通常是指战争爆发前后，把城市或重要目标内的人员、物资等有计划地转移到安全地区，以达到减少人员伤亡和经济损失，保存战争潜力的目的。主要对象，首先是人力资源，其次是交通、通信、能源等经济设施。

（3）隐蔽防护。隐蔽防护，是指在遭到空袭时，有计划、有组织地将城市的人员、物资、工厂、设施等转入地下隐蔽，对地面的重要目标实施伪装的防护行动。其主要目的是降低敌人空袭的效率。隐蔽防护的方式通常有：①转入地下隐蔽；②利用地形地物隐蔽；③伪装防护。

（4）消除空袭后果。消除空袭后果，是指对敌人空袭所造成的直接危害和产生的次生灾害等，进行消除和控制，以保障城市功能的恢复。消除空袭后果的主要手段有：①消防灭火；②抢险抢修；③救生医疗；④防化洗消；⑤治安保卫。

（5）防空演习安全。通过疏散演练，使学生了解防空疏散的有关知识和技巧，掌握自救、逃生等生存技巧，提高学生的自我保护意识，进一步强化学生的国防和安全意识。

> 演练操作程序：
>
> 第一次听到警报声，是预先警报：预先警报鸣36秒，停24秒，反复3遍，是发现敌人空袭迹象时发出的警报。全体师生要放下手中事物，做好撤离准备。
>
> 第二次听到警报声，比预先警报明显要急促的警报声响起，这种警报鸣6秒，停6秒，反复15遍，是发现敌人空袭的明显征候时发出的警报。全体师生要迅速有序地撤离到操场、广场和地下室等指定地点进行避险。
>
> 第三次听到警报声，持续鸣放3分钟的警报声传来，长鸣不息的声音标志着空袭危险已经消除。全体师生依次退场，返回原地。

安全注意事项：

（1）演练前召开动员大会，阐述防空演练的重要意义和演练的纪律要求，讲明演练的时间、内容、程序，让学生复习各个班级疏散的路线和到达的区域；同时强调演练是预防性、模拟性练习，并非真正的，以免发生误解而引发空袭谣传。

（2）演练前对疏散路线和到达的"安全地带"进行实地仔细检查，对存在问题及时进行整改，消除障碍和隐患，确保线路畅通和安全。

（3）参与演习的同学要穿舒适贴脚的胶底鞋，不得穿拖鞋、高跟鞋。女生要把长发绑起。戴眼镜的同学要做好固定工作。

（4）在"空袭"发生时，要有序地、迅速撤出教室到操场、地下室等指定地点进行避险。

（5）听到警报时，按应急方案程序进行演练，在最短时间内完成。各组人员迅速到位。

（6）师生每人都必须熟记疏散的路线和班级先后的顺序及安全集中的地点。

【安全小贴士】安全标志与应急电话

GB2894《安全标志》是经国家技术监督局批准实施的，主要有禁止标志、警告标志、指令标志和提示标志四大类型。

（1）禁止标志：是禁止人们不安全行为的图形标志。

序号	标志	备注	序号	标志	备注	序号	标志	备注
1		禁止吸烟	2		禁止烟火	3		禁止带火种
4		禁止用水灭火	5		禁止放易燃物	6		禁止启动
7		禁止合闸	8		禁止转动	9		禁止触摸
10		禁止跨越	11		禁止攀登	12		禁止跳下

续表

序号	标志	备注	序号	标志	备注	序号	标志	备注
13		禁止入内	14		禁止停留	15		禁止通行
16		禁止靠近	17		禁止乘人	18		禁止堆放
19		禁止抛物	20		禁止戴手套	21		禁止穿化纤服装
22		禁止穿带钉鞋	23		禁止饮用			

（2）警告标志：是提醒人们对周围环境引起注意，以避免可能发生危险的图形标志。

序号	标志	备注	序号	标志	备注	序号	标志	备注
1		注意安全	2		当心火灾	3		当心爆炸
4		当心腐蚀	5		当心中毒	6		当心感染
7		当心触电	8		当心电缆	9		当心机械伤人

续表

序号	标志	备注	序号	标志	备注	序号	标志	备注
10		当心伤手	11		当心扎脚	12		当心吊物
13		当心坠落	14		当心落物	15		当心坑洞
16		当心烫伤	17		当心弧光	18		当心塌方
19		当心冒顶	20		当心瓦斯	21		当心电离辐射
22		当心裂变物质	23		当心激光			

（3）指令标志：是强制人们必须做出某种动作或采用防范措施的图形标志。

序号	标志	备注	序号	标志	备注	序号	标志	备注
1		必须戴防护眼镜	2		必须戴防毒面具	3		必须戴防尘口罩
4		必须戴护耳器	5		必须戴安全帽	6		必须戴防护帽
7		必须戴防护手套	8		必须穿防护鞋	9		必须系安全带

续表

序号	标志	备注	序号	标志	备注	序号	标志	备注
10		必须穿救生衣	11		必须穿防护服	12		必须加锁

（4）提示标志：是向人们提供某种信息（如标明安全设施或场所等）的图形标志。

序号	标志	备注	序号	标志	备注
1		紧急出口	2		小心台阶
3		可动火区	4		避险处

（5）文字辅助标志：有横写和竖写两种形式。

①横写时，禁止标志、指令标志为白色字；警告标志为黑色字。禁止标志、指令标志衬底色为标志的颜色，警告标志衬色为白色，如下图所示。

横写的文字辅助标志

②竖写时，文字辅助标志写在标志杆的上部。禁止标志、警告标志、指令标志、提示标志均为白色衬底，黑色字。标志杆下部色带的颜色应和标志的颜色相一致，如下图所示。

竖写在标志杆上部的文字辅助标志

【你知道吗？】常用应急电话：

火　　警119
盗　　警110
医疗急救120
交通事故122
天气预报121
查　　询114

【训练与提高】

(1) 放假返乡时你会选择乘坐超载、无营运执照的车辆吗？为什么？
(2) 你知道怎样的饮食习惯是最健康的吗？
(3) 当遭遇拥挤的人群时应注意哪些问题？
(4) 经过室内会场或集会场所时你会注意紧急出口在哪儿吗？
(5) 你知道防空袭三种警报的信号吗？你知道学校防空避险所在哪儿吗？

2.6 火灾的避险与自救

【案例导读】

案例一：

20××年12月7日，一幢10层楼高的学生宿舍楼发生火灾，大楼东侧八楼的801房间内，向外喷着浓烟，浓烟如长龙直向天空。三四米高火苗直舔楼上九层，宿舍楼上的窗户玻璃被大火烧烤得"噼噼啪啪"响。从四楼向上住着女生，只见这些女学生中，有的穿睡衣外面裹着大衣或棉衣、有的脚上穿着拖鞋，甚至还有少数学生裹着被子站在寒风中，而这些女学生们手上，几乎人人都拎着一台手提电脑。据了解，事发时801宿舍内无人。经初步调查，起火原因可能是由于私拉插座，引起的电器短路所致。

案例二：

20××年1月19日，国外某大学的一幢六层学生宿舍楼发生火灾，造成3人死亡、58人受伤，其中4人伤势严重。当地时间19日凌晨4时30分，一阵警报声将住在楼内的640多名学生惊醒，大火随后迅速蔓延，学生纷纷夺门而逃，部分学生还从窗口跳楼逃生。尽管大火很快被消防人员扑灭，但还是造成61人伤亡的惨剧。因为发生火灾，这所拥有1万多名学生的大学被迫停课。

上述校园火灾事件的发生原因基本都是学生缺乏消防安全意识、违反学校有关防火规定，私拉插座或者生活中养成的粗心大意酿成的灾难事件。根据相关统计，80%的火灾都是人为因素造成的，如缺乏安全用火、用电知识等。

消防管理是校园安全的首要问题。由于学校人员集中，校园里用电、用火频繁，教师、学生只有掌握必要的防火、灭火和火灾自救知识，才能从根本上预防与避免火灾的发生。

火灾（fire disaster）是指在时间和空间上失去控制的燃烧所造成的灾害，在各种灾害中，火灾是最经常、最普遍地威胁公众安全和社会发展的主要灾害之一。

2.6.1 火灾及预防

1. 学生宿舍防火：学生宿舍是校园的防火重点场所之一，要注意防火十戒
   一戒私自乱拉电源线路，避免电线穿行于可燃物中间；

某高校的消防演练

二戒使用电热器具；

三戒使用大功率电器；

四戒使用电器无人看管，必须人走断电；

五戒明火照明，电器照明或用可燃物做灯罩；

六戒床上吸烟，室内乱扔烟头、乱丢火种；

七戒室内燃烧杂物，燃放烟花爆竹；

八戒室内存放易燃易爆物品；

九戒室内做饭；

十戒使用假冒伪劣及质量不合格电器。

2. 实验室防火

实验室存放着大量实验用品，其中不乏易燃易爆化学药品，而这些以燃烧爆炸为主要特性的压缩气体、液化气体、易燃液体、易燃固体、自燃物品、遇湿易燃物品和氧化剂、过氧化剂，以及具有易燃特性的部分毒害品和腐蚀品，遇火或受到摩擦、撞击、震动、高热以及其他因素的影响，即可引起燃烧和爆炸，因而火灾危险性极大。

实验室防火措施：

（1）应充分做好实验前的准备，熟悉实验内容，掌握实验步骤。进行实验时，应严格按实验规程操作，防止因不规范操作引发火灾；

（2）服从实验指导老师的指导，严格遵守实验室纪律；

（3）禁止在实验室玩耍、打闹，防止打破仪器设备酿成火灾；

（4）严禁摆弄与实验无关的设备和药品，特别是电热设备；

（5）严禁携带任何火种和其他与实验无关的易燃易爆物品进入实验室，减少实验室致灾因素；

（6）严禁闲杂人员特别是小孩进入实验室，防止因外人的违章行为导致火灾；

（7）严禁在实验室居住，更不能在实验室内及附近使用生活用火，特别是不能使用明火；更不准燃放烟花爆竹，防止引燃室内易燃物和其他可燃物发生火灾。注意电热器的正确使用和保管，正在使用的电热器具不准接近可燃物；

（8）严格实验室用电制度，用电及电器安装必须符合国家规定的技术规范；

（9）详细掌握实验室内药品的化学特性，严禁将化学性质相抵触的药品混装、混放，实验剩余的药品必须按规定处理，严禁带走或倒入下水道。

（10）时时保持警惕，强化预防火灾的意识，如发生火灾，应立即扑救，防止火灾蔓延、扩大，同时要立即报警。

3. 公共场所防火

学生频繁进出的公共场所，如教室、餐厅、娱乐厅、电影院、网吧、图书馆和健身房等处，人员往来频繁，人员密度大，要特别注意防火。

2.6.2 火灾避险与自救

1. 火灾报警

【你知道吗？】

《中华人民共和国消防法》第十二条规定："任何人发现火灾时，都应当立即报警。任何单位、个人都应当无偿为报警提供便利，不得阻碍报警。严禁谎报火警。"发现火灾立即报警是每个公民和每个单位应尽的义务。

报警的方法，主要是拨打"119"火警电话，随后要向同处一栋建筑中的人员通报险情。

拨打"119"报火警时，必须报清以下信息：

①发生火灾单位或学校的详细地址，包括街道名称、靠近何处，附近有什么标志性建筑等，以便消防人员正确确定方位和路线，以最快速度赶到现场。

②起火物，即何种物质着火以及受火灾威胁的物质，同时还要报清起火建筑的楼层数，具体着火的楼层，以便消防队根据情况派出相应的灭火车辆及携带合适的扑救设备。

③火势情况，如浓烟情况、有无火光、有多少间房屋着火等。

④报警人姓名及所用电话的号码，报警人的信息主要是为了方便消防部门通过电话，了解火场情况以及具体起火位置。报火警以后，还应派人到路口接应消防车，以引导消防车快速进入起火地。

2. 正确的灭火方法

（1）初期火灾的扑救。

1）火灾的发展阶段。火灾的发展分为五个阶段，即初期、发展、猛烈燃烧、下降、熄灭。

2）初期阶段是灭火的最佳时机。火灾初期阶段，燃烧面积小、火焰不高、辐射热不强、烟和气体流动速度比较慢，扑救人员很容易接近起火点近距离、准确地灭火。遇有初期火灾，应迅速、果断、坚决、有效地扑灭。

3）初期火灾的扑救措施。

①若是因用电不当引起火灾，应迅速切断电器电源。

②火场的具体情况，可采用隔离法、冷却法、窒息法、抑制法四种方法灭火。

③救火时不要贸然开门窗，以免空气对流，加速火势蔓延。

④消防队到达后，起火单位和在场的人员应及时向指挥员介绍已查明的现场情况。

4）扑灭初期火灾的注意事项。

①木头、纸张、棉布等物品起火，可以直接用水扑灭。

②油类、酒精等起火，不能用水扑救，最好用沙土或浸湿的棉被迅速覆盖，隔绝氧气，火苗自然就会熄灭。

③电器着火，不可以用水扑救，也不可以用潮湿的物品捂盖，否则容易出现触电事故。应该先切断电源，而后再进行灭火。

④煤气起火，先用湿毛巾盖住火点，然后迅速切断气源。防止煤气泄漏过多，发生爆炸。

（2）灭火的基本方法。

1）冷却灭火法。主要是用水或二氧化碳灭火剂直接喷洒在燃烧的物体上，如果使燃烧物的温度降到燃点以下，自然就会停止燃烧。

2）隔离灭火法。将燃烧着的物体与附近的其他可燃物隔离或疏散开来，在中间形成空白的阻隔带，火势即可停止蔓延。

3）窒息灭火法。氧气是燃烧的必备条件，采取适当的措施阻止空气流入燃烧带或者用惰性气体稀释空气中的氧气含量，燃烧体自然就会因缺少燃烧的必备条件而停止燃烧。

4）抑制灭火法。常用的抑制灭火法主要有1211灭火器、1202灭火器和干粉灭火器灭火法。

（3）正确使用灭火器的步骤。

第一步，拔掉保险插销，拔插销的时候注意放松夹角手柄；

第二步，握住喷头，不要让喷头对着周围的人，也不要喷到自己；

第三步，瞄准火源根部喷射；

第四步，注意要由近及远地灭火。

手提式干粉灭火器

手提式二氧化碳灭火器

【消防安全小能手】常见的灭火器

种类	使用方法	基本用途
泡沫灭火器	将灭火器平稳提到起火地点，注意筒身不宜过度倾斜。一手握提环，一手托底部，将灭火器倒过来摇晃几下，泡沫就会喷射出来	主要用于扑救汽油、煤油、柴油和木材等引起的火灾
二氧化碳灭火器	将灭火器提到起火地点，拔出保险插销，一手握紧喇叭管，一手旋转手轮或压下压把，二氧化碳即可喷出，要对准火源根部喷射。持喷筒的手应握在胶质喷管处，防止冻伤	主要用于扑救图书档案、珍贵设备、精密仪器等初期阶段的火灾
干粉灭火器	拔下保险插销，一手握住喷嘴，对准火源，一手压下压把，粉雾便会喷出，覆盖燃烧区。干粉灭火器需要注意防潮、防日晒、防漏气，半年检查一次	主要用于扑救石油及相关产品、可燃气体、电器设备的初期阶段的火灾
1211灭火器	撕下塑封，拔掉保险插销，在距离火源1.5～3米处，将喷嘴对准火焰的根部，用力按下压把，压杆将密封开启。1211灭火剂就在氮气压力作用下喷出，松开压把即可停止喷射	适用于扑救带电火灾，因为1211灭火器的灭火剂绝缘性好，不会发生触电事故

3. 火灾中正确的逃生与自救方法

（1）火场逃生的误区。

1）按原路返回逃生。

一旦发生火灾，人们的第一反应，可能是从哪里进来的再从哪里逃出去。这是非常错误的做法。因为大多数建筑的内部通道，人们可能不熟悉，一旦发现原路被封死或者火势太大冲不出去以后，就会延误最佳逃生时机。

2）朝有亮光的地方逃生。

朝有光亮的地方走，是人们在遇到危险时本能的应急反应，但这也是错误的。建筑被火吞噬，到处浓烟滚滚，视线很差，而最亮的地方就是大火肆虐的地方。

3）跟着人群跑。

在遇到危险时，人们往往认为"身处群体之中"就有一种安全感，于是，跟随大部分人逃生，这其实是一种盲目的行为，是面对危险失去判断力造成的盲从。

4）从高处往低处走。

如果是在建筑内发生火灾，人们总是本能地想冲出火场，于是从高层跑到低层，试图跑到建筑物外面。盲目往楼下逃，很有可能被大火困住。最好的办法是，掌握一些防毒、防烟的自救方法，待在安全的地方等待救援。

5）跳楼求生。

一旦大火封死了可以逃生的通道，火情越来越严重的时候，急于求生的人们往往会丧失理智，只看见眼前的危险而忘却其他更大的危险，于是从高处往下跳。这种做法万万不可取，因为跳楼求生几乎没有生还的希望。

6）往顺风方向逃。

如果是平地起火，人们往往会被大火追着跑，但火势蔓延的速度加上风速很容易就会吞噬逃生的人。正确方法是要往逆风的方向逃。

7）身上着火时奔跑。

发生火灾时，如果身上着火，千万不要奔跑。奔跑时会带动气流，风助火势，火会越烧越旺，还会引燃新的燃烧点。身上着火时，应该就地躺倒，压灭火焰。

【友情提示】 火场自救与逃生的"三要""三救"和"三不"

"三要"

（1）"要"熟悉自己住所的环境；

（2）"要"遇事保持沉着冷静；

（3）"要"警惕烟毒的侵害。

"三救"

（1）选择逃生通道自"救"；

（2）结绳下滑自"救"；

（3）向外界求"救"。

"三不"

（1）"不"乘普通电梯；

（2）"不"轻易跳楼；

（3）"不"贪恋财物。

（2）正确的火灾逃生法。

1）准确判断火情。

不要惊慌，保持冷静，迅速辨明起火点的位置，分清楼上还是楼下、左边还是右边，以免误入火场。

2）查看逃生路线。

如果发现门窗、通道、楼梯已经被烟火封死，不要强行往外冲，如果有可能冲出去，一定要将头部和身上淋上水，用湿毛巾捂住头部和嘴巴，再裹上棉被；不要直立行走，烟比空气轻是往上升的，直立行走容易吸入浓烟或有毒物质，最好贴近地面或墙根爬行，寻找专用消防通道。

3）发出求救信号。

如果房门已被火封住，千万不要轻易开门，以免引火入室。要向门上多泼些水，用湿棉被、毛毯、衣物等将门窗缝隙封堵，防止烟雾窜入，以延长室内的安全时间；如果烟雾太浓，可用湿毛巾等捂住口鼻。伺机从窗户发出一些求救信号，然后等待救援。

4）切勿跳楼。

①如果有结实的绳索，可以牢牢拴在窗框或床架上，然后抓紧绳子，慢慢下去。

②如所住房间距楼顶较近，可以躲到楼顶平台或阳台上，耐心等待救援人员到来。

【你知道吗？】火灾自救口诀

第一诀：熟悉环境，暗记出口。

第二诀：通道出口，畅通无阻。

第三诀：扑灭小火，惠及他人。

第四诀：明辨方向，迅速撤离。

第五诀：不入险地，不贪财物。

第六诀：简易防护，蒙鼻匍匐。

第七诀：善用通道，莫入电梯。

第八诀：缓降逃生，滑绳自救。

第九诀：避难场所，固守待援。

第十诀：缓晃轻抛，寻求援助。

第十一诀：火已及身，切勿惊跑。
第十二诀：跳楼有术，虽损求生。

【友情提示】 当您遇到火灾时如何逃生？

（1）火势不大时，要当机立断披上浸湿的衣服或裹上湿毛毯、湿被褥勇敢地冲出去，但千万不要披塑料雨衣。

（2）在浓烟中避难逃生，要尽量放低身体，并用湿毛巾捂住嘴鼻。

（3）不要盲目跳楼，可用绳子或把床单撕成条状连起来，紧拴在门窗框和重物上，顺势滑下。

（4）当被大火围困又没有其他办法可自救时，可用手电筒等醒目物品不停地发出呼救信号，以便消防队及时发现，组织营救。

【训练与提高】

（1）你知道学生宿舍禁用哪些电器？你做到了吗？
（2）你知道所住宿舍灭火器的位置吗？
（3）你知道发现火灾险情报警时应说清什么内容吗？
（4）你知道如何正确使用灭火器吗？
（5）你知道火灾逃生的正确方法有哪些吗？

第3章　校园卫生与健康

【案例导读】

案例一："马路食摊"何以蔓延

校外饮食存在的隐患已是大家见惯不惊、习以为常的问题，校外饮食又是在哪些方面吸引着顾客，让我们的同学在明知不卫生、不安全还"偏向虎山行"呢？

许多经常在外就餐的同学做出了如下回答：

第一，在校外吃饭不受时间限制，而食堂大都只在规定的时间内开放，稍有事情耽误一会儿就错过了用餐的时间，而且食堂人太多，排队打饭不容易。

第二，校外吃饭，分量足，选择范围大；相比起来食堂的饭、菜分量不足，油水不够，吃起来总觉得填不饱肚皮似的。

第三，校外餐厅饭菜品种丰富，小锅菜味道好，易下饭；而在食堂点菜吃饭，速度慢。

第四，相对食堂来讲，许多受同学们欢迎的菜在校外餐厅价格要低。

第五，食堂的卫生条件也存在不足，食堂的工作人员也有不注意个人卫生习惯的。

第六，校外餐厅有些就是本校同学自己创业或者来自各地的商人开办的，对同学们具有很强的亲和性，一定程度上缓解了外地同学的思乡之苦，且服务热情、态度好。

第七，很多同学图方便、实惠，持"眼不见为净"的态度。

案例二：

随着放学铃声的响起，三五成群的同学们分成几股纷纷涌向食堂和前门、后门的各类餐馆、大排档。顿时，这些餐馆、大排档前人潮涌动，呈现出一片空前忙碌的景象。同学们围在早已切好摆在摊子上的菜指指点点，选择自己喜爱的"佳肴"。饭店老板兼厨师一边答应着顾客的招呼，一边挥动着手中的长勺——用数过钱的手端菜盛饭，不戴口罩大声地与人们交谈……

3.1 良好卫生习惯的培养

3.1.1 校园卫生健康概述

1. 校园食品卫生要求

学校食堂必须申领食品卫生许可证，要求学校食堂持证率达到100%，食堂使用的所有食品原料必须定点采购；未具备条件的食堂和小卖部不得经营销售冷加工食品（如三明治、奶油、蛋糕等）。

2. 校园饮用水卫生要求

自备水源须经当地卫生部门检测合格后，方可作为供水水源，并应安装持续消毒设备或装置；做好供水设施（含桶装饮水机）和自备水源的定期清洗消毒工作，确保水质达到饮用水卫生标准。学校应建立自备水水质定期送检制度。

3. 校园传染病防治管理

对各类学校传染病管理组织、制度措施、疫情报告、预防接种证查验和校医院或卫生保健室传染病管理进行监督检查，建立学生的健康档案。

4. 校园公共场所卫生要求

重点加强学校游泳场所的监督监测。对其持证情况、卫生管理制度建立及落实、传染病报告制度执行情况和消毒设施配备及其运行状况等内容进行检查。学校建立健全各项卫生管理制度并有效落实，确保消毒设施配备完好并有效运行，并能按要求开展水质检测，保证游泳场所水质卫生。

3.1.2 个人良好卫生习惯

（1）早晚洗脸、刷牙；勤洗头、勤洗澡、勤剪指甲；

（2）饭前便后要洗手，劳动（干活）后应洗手，触摸脏东西后应洗手，触摸传染病人的东西后应洗手，到公共场所回来后应洗手，拿碗筷前应洗手；

（3）生吃瓜果要洗净；

（4）不喝生水；
（5）不能吃腐败变质食物；
（6）保护牙齿。

【保健小常识】

1. 书写、阅读时，眼和书本的距离应是多少？
30～35厘米，即一尺左右。
2. 眼保健操有什么好处？
消除眼睛疲劳，保护视力，预防近视眼。
3. 看书写字时要注意什么？
姿势正确，光线适宜，眼与书本保持一尺左右距离，时间不可过久，走路乘车时不看书。
4. 挑食和偏食有什么害处？
挑食和偏食会造成营养素的缺乏，导致营养不良，影响生长发育和健康。
5. 为什么饭后不宜马上进行剧烈活动？
刚吃过饭，胃里充满了食物。剧烈运动后影响胃肠正常消化，可引起腹痛、恶心、呕吐等，时间久了还可引起消化不良和胃病。

【你知道吗？】饮食健康小常识

1. 饭后吃水果是错误的观念，应是饭前吃。
2. 喝豆浆时不要加鸡蛋和糖，也不要喝太多。
3. 空腹时不要吃番茄，最好饭后吃。
4. 春天吃韭菜，会提高免疫力。
5. 每天运动30至40分钟，免疫细胞数目会增加，抵抗力会相对增加。
6. 多吃苹果会改善呼吸系统和肺功能，保护肺部免受污染和烟尘的影响。
7. 流感季节多喝红茶。
8. 每天喝一杯柠檬汁或柳橙汁，不但可以美白还可以淡化黑斑。
9. 春季燥热多吃豆芽能败火。
10. 苹果不宜与萝卜同食，吃梨后不宜饮开水，易致腹泻。

3.2 阳光体育运动与运动安全

【案例导读】

案例一：

L系某校一年级学生。20××年4月8日下午，第三节课是该班级的体育课时间，按照体育老师的安排学生进行篮球训练，两个人一小组，学生L和C被分到一个小组。L在防守C同学时，C做了一个跳投假动作，L跳起封盖的同时C向右侧突破，这时已跳在空中的L腿部碰到C身体，L身体失去平衡后倒地，左肩部着地后，由于惯性的原因致使他的左侧脑部碰到地上。因当时没有不舒服的症状，并没有引起体育老师的注意，继续进行体育训练。体育课结束后，L感觉身体愈加不适，遂被学校送到医院进行检查，CT诊断是脑硬膜外血肿，需住院手术治疗。经过近一个月的治疗，该生才脱离危险并出院，但仍有头晕等不适症状出现。

案例二：

20××年5月6日，某市附近长江水域发生一起学生群体性溺水事件，造成5人死亡。据分析，事发当时有10名当地高校学生在附近的长江水域玩耍，其中7人下水发生溺水事故，经海事处和公安部门赶到现场全力救援，2人获救，其余5人不幸溺亡。遇难的5人中有2名男生、3名女生；最小的一名遇难者仅有18岁，其余4人刚满21岁，5名遇难者均是在校大学生。

【安全小知识】 "阳光体育运功"中"阳光"有哪两种含义？

1. 阳光下（操场上、大自然中、户外）。
2. 充满活力（体魄强健、意志坚强）。有人曾形容"阳光体育运动"意味着学校体育春天的到来。

3.2.1 做好运动前的准备工作和运动后要注意的事项

（1）要准备好用于相应项目的鞋、服装。注意：参加球类运动所穿的运动鞋的鞋底都不能太光滑，也不能穿皮鞋或高跟鞋参加这些项目的比赛，否则容易产生打滑现象，造成受伤。

（2）运动前一定要做好充分的准备运动，无论身体或心理都有一个逐渐过渡到紧张的状态，以使身体较好地适应激烈比赛的要求；切忌不做准备运动就进入激烈比赛状态，这种情况容易使身体产生缺氧，从而出现晕厥、运动性腹痛、肌肉抽筋等现象；准备活动不充分就进行激烈的运动，也容易造成肌肉、韧带拉伤或关节错位等意外事故；参加运动前不能吃得过饱或者喝过多水，餐后要一个小时以上才能参加运动；刚睡醒不适宜马上参加激烈运动，在激烈比赛中注意控制好节奏，清醒地把握运动强度，切忌盲目逞能，预防疲劳过度而出现的意外事故。

（3）剧烈运动后不要立即停下来休息，要做好放松运动，例如慢跑或拉伸运动，这样能帮助身体恢复，同时剧烈运动后不要马上大量饮水，吃冷饮，也不要立即洗冷水澡；最好喝一些淡盐水以补充身体丢失的水分和盐分，等身体平静下来洗个热水澡，这样有助于身体的恢复。

3.2.2 运动损伤的应急处理与预防

3.2.2.1 常见运动损伤的处理

1. 擦伤

处理方法：用生理盐水清洗创伤面，再涂红药水，以免发生感染，大面积的擦伤要用消毒纱布覆盖或包扎。

2. 扭伤、拉伤

轻度的受伤应立即冷敷和加压包扎，24 小时后才可进行热敷或按摩治疗，注意在刚受伤时切勿进行按摩和搓揉，以免造成受伤部位充血肿胀，形成瘀血，从而加重伤情。严重的受伤（如韧带或肌肉断裂）包扎后应立即送往医院治疗。

3. 脱位、骨折

首先固定伤患部位，尽量避免移动患肢，立即送往医院；若发生休克时，应迅速使伤者复苏，如刺激人中、合谷等穴位。

4. 脑震荡

首先要让伤者安静、平卧，不要随便移动位置，勿摇晃，牵扯，对头部进行冷敷，对昏迷者应进行复苏抢救；伤者清醒后再度昏迷或发生剧烈的头痛、呕吐者，应立即送医院抢救。

5. 中暑

中暑是当气温过高时，体温调节发生紊乱，进而导致机体内环境紊乱，从而引发一系列的病理征象（头晕、乏力、胸闷、口渴、大汗、高热甚至昏迷或痉挛）。处理时要使患者迅速脱离高温环境，移到阴凉处休息，口服十滴水、人丹或涂清凉油，同时补充含盐的清凉饮料；若是重症中暑，在急救的同时尽快送医院救治。预防中暑应避免在高温的时段进行耐力性或剧烈性的户外体育比赛，同时在运动时补充低糖含盐的饮料。

3.2.2.2 运动损伤的急救

1. 止血

出血分外出血、内出血和皮下出血型 3 种，一般多发生混合型出血；止血的方法有高抬伤肢、指压、加压包扎、止血带和冷敷等方法。在采取应急止血措施的同时尽快送医院救治。

2. 处置休克

一般让休克者平卧，下肢抬高，保持体温，使呼吸畅通，用掐人中等方法使其尽可能苏醒，在一般处理后，应立即送往医院进行抢救。

3. 溺水

溺水者被救上岸后，首先迅速清理口鼻内的分泌物，立即进行控水，马上进行人工呼吸或胸外心脏按压等复苏方法。

【安全提醒】

在发生有生命危险的事故时,应在第一时间拨打 120 求救电话,以最快速度得到专业救治。在医生没到场时,还要进行现场的应急处理。

3.2.2.3 运动损伤的预防

(1)加强安全教育,以预防为主。

(2)参加运动时要穿适合有关项目的服装和运动鞋,运动前要认真检查有关场地、器材是否符合要求,夏天应避免在烈日下进行激烈运动,同时做好充分的准备运动,精神要集中,运动时要量力而行,预防过度疲劳而出现的意外。

(3)做好医务监督工作,对有可能出现的情况准备应对措施;加强身体的全面锻炼,增强各项身体素质;掌握规范动作,学会自我保护,运动时集中注意力,这样能降低受伤的概率。

3.2.3 军训安全防范

军训是每一名大学生进入大学必备的一课,也是每一名大学生骄傲和难以忘怀的一段经历,军训锻炼我们个人的体质和意志并且培养我们每个人遵守纪律、令行禁止,让我们每个人懂得如何与别人协调一致,更加遵守纪律,让我们的集体更加有力量。同时军训也是很苦很累的,所以我们每个人注意保护好自己的身体也是很重要的,这里给广大新生介绍一些经验,以供参考,使大家能有一段愉快的军旅生活!

(1)准备好必要的物品:准备好一双合自己脚的胶鞋,以备不时之需。军训开始之后每天出门之前认真检查军训服装,如腰带、迷彩背心等。迷彩背心里再穿一件吸汗性好的棉制背心,否则你的迷彩背心很快会被晒出盐。腰带要适当紧一点，走起路来会更有精神劲儿；袜子最好穿棉的运动袜，鞋子里面再垫一块软鞋垫，这样脚后跟会舒服一点。

（2）吃好早餐很重要。大学生军训白天很累，往往早上贪睡来不及吃饭就跑去训练，其实吃好早餐很关键。大学新生们军训期间最适宜的营养早餐：一个鸡蛋、一袋牛奶，另外要吃主食和小菜。小菜可以稍咸一点，因为大量排汗，导致人体钠离子的流失，而盐的最主要成分就是钠。

（3）保证军训体能充沛。军训时体力消耗较大，注意优质蛋白质的摄入，所以多吃一些肉类、蛋类，最好还多喝点汤菜类，同时注意补充各种维生素。

（4）热身保持血液畅通。在运动之前最好先热身，伸伸胳膊，踢踢腿，促进血液循环，不要一下子进入剧烈的运动中。

（5）补充水分。最好喝运动型饮料、矿泉水和凉白开水，少喝可乐和雪碧。另外，可以自制盐糖水。500毫升的水可以放两勺糖，盐放到略微感到涩为止。自制的盐糖水给人体提供一定的热量和钠离子，保证血容量。

（6）做好防晒措施。防晒最好的办法就是涂防晒霜，在军训时，出门前半小时就要涂，因为防晒霜也需要时间吸收。防晒霜要随身携带，一般是两个小时就要涂一次。正确的步骤是先用吸油面巾纸擦干净脸，再涂防晒霜。

（7）不要硬撑。军训中要讲"坚持再坚持"，但如果实在支持不下去，一定要休息，不要硬撑，防止出意外，特别是体质较差的同学或身体有一些疾病的同学。如果有学生晕倒，最好让他平卧，扶坐的姿势会让大脑供血不足。

（8）注意休息。会休息的人才会工作，每天晚上军训结束后有条件的可以洗个热水澡或者用热水泡脚，然后用左手大拇指按揉右脚涌泉穴一百下，用右手大拇指按揉左脚涌泉穴一百下，能起到很好的消除疲劳的作用。另外军训期间按时作息，养精蓄锐，为军训打下良好的基础。

【拓展阅读】常见运动伤害处置

（1）昏厥处置：发病后，立即让病员平卧，松解衣服，抬高下肢，按压人中、合谷穴，并从小腿向心脏做按摩和揉捏。如有昏迷现象，可嗅氨水或静脉注射25%~50%葡萄糖40~60毫升。在知觉未恢复前，禁止喝饮料或其他药物。如有呕吐，应将患者的头偏向一侧。如停止呼吸，应立即进行人工呼吸。

预防：坚持经常性锻炼，以增强体质；剧烈运动后不要立即停下来或坐下，而应继续慢跑，并做深呼吸；在饥饿情况下不要参加剧烈运动。

（2）腹痛处置：如果没有器质性疾病，一般采用减慢运动速度，进行腹式呼吸，按压疼痛部位等方法。数分钟后，如果疼痛仍不减轻，甚至加重，就应停止运动。必要时可服用十滴水或普鲁苯辛，或揉按内关、大肠俞等穴位。如仍不见效，应送医院。

预防：运动前避免饮食或饮水过多，并做好准备活动，坚持循序渐进，注意呼吸节奏,夏季运动要适当补充盐分。

(3) 运动性贫血处置:运动性贫血发病后,主要表现为头晕、呕吐、心率加快、脸色苍白、体力下降。出现这些症状时应减轻运动量,必要时进行休息。立刻饮服糖开水或口服硫酸亚铁,并同时服用维生素C和胃蛋白酶合剂,有利于铁的吸收。

预防:运动前做好准备活动,并注意循序渐进,调整膳食结构,平时增加富含蛋白质和铁的食物。

3.3 校园传染病及其防治

【趣味话题】春防感冒"十字歌"

开:黎明即起,开窗透气,室内清新,防感真谛;
洗:温水刷牙,冷水洗脸,热水洗脚,助您入眠;
漱:盐水漱口,早晚一次,口腔卫生,杀菌固齿;
饮:姜末红糖,开水冲泡,睡前一勺,可防感冒;
呼:身体站正,两臂平伸,深呼十次,吐故纳新;
搓:两掌伸直,对搓发热,按迎香穴,防感一术;
摩:上星风府,两个穴处,勤作按摩,酸麻为度;
熏:陈醋熏室,早晚一刻,杀菌消毒,流感逐出;
穿:入春渐暖,莫急脱衣,适当春捂,保暖防感;
练:清晨出走,锻炼身手,增强体质,安度早春。

麻疹、结核病、肠道传染病以及艾滋病等常见传染病危害着人们的健康,对患者的身心健康造成伤害,有的甚至危及生命,给患者及其家庭带来痛苦和负担。通过学习常见传染病的预防知识,可以极大地降低传染病的发病率,从而达到"预防为主"的目的。

3.3.1 学校常见传染病介绍

1. 消化道传染病

（1）病种：甲型肝炎、细菌性痢疾、感染性腹泻。

（2）多发原因：

①水或食物被污染；

②人员密集，彼此接触多；

③卫生习惯差；

④年龄小，尚未获得抵抗力。

2. 直接接触传播传染病

（1）病种：红眼病、手足口病。

（2）多发原因：

①人员高度密集；

②学生之间直接接触及通过学习用具等间接接触机会多；

③卫生习惯差。

3. 呼吸道传染病的预防

（1）传染性非典型肺炎。

①主要表现：起病急，以发热为首发症状，体温一般超过38℃，可伴有畏寒、关节酸痛、肌肉酸痛、乏力、腹泻，一般无鼻塞、流涕，可有咳嗽，多为干

咳，少痰，可有胸闷症状，严重者出现呼吸加速或呼吸困难。

②传播途径：主要与病人近距离接触而传播，亦可经接触病人的痰、气管分泌物、粪便或被其污染的物品传播。

③预防方法：生活、工作场所保持通风；注意个人卫生，勤洗手（用肥皂、洗手液、清水洗）；不与患者或疑似患者接触。

（2）流脑。

①主要表现：起病急，高热，剧烈头痛，呕吐，皮肤黏膜出现瘀点瘀斑，少数严重患者可出现休克、昏迷甚至死亡。

②传播途径：主要通过咳嗽、喷嚏等经飞沫直接从空气传播。

③预防方法：接种流脑疫苗；搞好环境卫生，保持室内通风，尽量避免到人多拥挤的公共场所，不与病人接触。

（3）流行性感冒。

①主要表现：起病急，畏寒发热，头痛，全身乏力、酸痛，体质较弱的患者如老人、儿童可出现肺炎，剧烈咳嗽，呼吸急促。

②传播途径：主要经飞沫传播。

③预防方法：搞好环境卫生，保持室内通风，尽量避免到人多拥挤的公共场所，不与病人接触；养成良好的个人卫生习惯，勤洗手；加强锻炼，每天洗脸时用冷水刺激鼻部，可以提高抵抗力，增加对寒冷的适应能力；接种流感疫苗。

4. 血源性传染病的预防

（1）病毒性肝炎种类：甲肝、乙肝、丙肝、丁肝、戊肝等。

（2）主要表现：

①急性肝炎：起病急，畏寒，发热，全身乏力，厌油，恶心，呕吐，皮肤、巩膜黄染。

②慢性肝炎：疲乏、厌食、恶心、呕吐、腹胀、腹泻、肝区不适等。

（3）传播途径：

①甲肝、戊肝：主要通过肠道传播，即进食被病毒污染的食品或水而感染生病。

②乙肝、丙肝、丁肝：主要经血液传播，可通过输血、不安全注射、血透等途径传播，亦可经由母亲传给新生儿。

（4）预防方法：

①接种甲、乙肝疫苗可有效预防甲、乙肝。

②养成良好卫生习惯，饭前便后洗手，不吃生、冷、变质食物，生食、熟食要分开存放，剩饭菜要热透（尤其是热天），不随便到不卫生的摊点、饮食店就餐，防止病从口入。

③使用一次性注射器，不与他人共用针头（包括针灸）；尽量避免输血和使用血液制品；患乙肝或携带乙肝病毒的妇女分娩时应加强对婴儿的防护，避免传给孩子，新生儿生下24小时内注射乙肝高效价免疫球蛋白；不接触病人的血液

及被血液污染的物品；不与病人共用食具、洗涮用具、剃须刀等。

5. 虫媒传播及自然疫源性传染病的预防

（1）狂犬病。

①主要表现：早期表现为被狗或其他动物咬、抓伤后愈合的伤口及其周围有痒、痛、麻及蚁走等异样感觉，继而患者出现恐水、怕风、怕光、怕声等症状，绝大部分患者最后因呼吸循环衰竭而死亡。

②传播途径：主要因被带狂犬病病毒的狗、猫或其他动物咬、抓伤而感染生病。

③预防方法：避免被狗咬、抓伤，被狗咬、抓伤后要立即用20%肥皂水冲洗伤口半小时以上，并在24小时内到疾病预防控制中心（卫生防疫站）的动物咬伤门诊进一步处理伤口和接种狂犬病疫苗，切不可掉以轻心，狂犬病可防不可治。

（2）乙脑。

①主要表现：高热、头痛、呕吐、意识障碍、抽搐，部分患者会留有严重的后遗症。

②传播途径：主要通过蚊虫叮咬传播。

③预防方法：灭蚊、防蚊是预防控制乙脑的重要措施，接种乙脑疫苗是目前最有效的预防方法。

【卫生健康知识】 常见的传染病

（1）法定传染病分三类（甲、乙、丙）39种。

甲类2种，包括：鼠疫、霍乱。

乙类传染病25种，包括传染性非典型肺炎、艾滋病、甲型H1N1流感、病毒性肝炎、脊髓灰质炎、人感染致病性禽流感、麻疹、流行性出血热、狂犬病、流行性乙型脑炎、登革热、炭疽病、细菌性和阿米巴性痢疾、肺结核、伤寒和副伤寒、流行性脑脊髓膜炎、百日咳、白喉、新生儿破伤风、猩红热、布鲁氏菌病、淋病、梅毒钩端螺旋体病、血吸虫病、疟疾。

丙类传染病11种，包括：流行性感冒（简称"流感"）、流行性腮腺炎、风疹、急性出血性结膜炎、麻风病、流行性和地方性斑疹伤寒、黑热病、包虫病、丝虫病、手足口病、除霍乱、细菌性和阿米巴性痢疾、伤寒和副伤寒以外的感染性腹泻病。

（2）非法定传染病：水痘、生殖器疱疹、结核性胸膜炎、生殖道沙眼衣原体感染等。

3.3.2 麻疹的预防

麻疹是由麻疹病毒引起的急性、全身性、出疹性呼吸道传染病。麻疹传染性极强，超过甲型 H1N1 流感，麻疹病毒主要通过喷嚏、咳嗽和说话等途径，由飞沫传播。麻疹的潜伏期一般为 10~14 天。通常病人在出疹前 4 天到出疹后 4 天均有传染性。

麻疹发病早期症状有发热、结膜炎、流涕、咳嗽等，红色斑丘状皮疹首先见于面部，而后遍及全身，持续 4~7 天，皮疹消退后有时会伴有脱屑现象。麻疹危害严重，常见并发症包括中耳炎、喉气管支气管炎、肺炎，罕见并发症有腹泻和脑炎等。

接种疫苗是预防麻疹的最经济、最有效的手段。麻疹病毒有多个基因型，但血清型只有一个，疫苗接种后所产生的血清抗体可以保护各种基因型麻疹病毒的感染。强化免疫是世界卫生组织提出的消除麻疹的有效策略之一。

3.3.3 结核病的预防

我国是世界上 22 个结核病高负担国家之一，我国 1/3 左右的人口已感染了结核杆菌，受感染人数超过 4 亿。如果不采取有效的控制措施，在未来的 10 年，我国可能有近 5 000 万的感染者发生结核病。因此，社会各界要熟悉结核病的防治知识，做到早防、早治，使结核病疫情不断改观，最终消灭结核病。

结核病是一种慢性传染病，可累及全身多个器官。结核杆菌最易侵犯氧气充足、血流、营养丰富的肺脏以及骨骼的两端。但在人体的肾、肝、胃、脑、肠、膀胱、皮肤、睾丸等器官中也可发生结核病。

结核杆菌对外界条件有异常强大的抵抗力，通常的灭菌方法不易将其杀死，煮沸消毒是最有效、最经济的方法。

【专家门诊】 肺结核病的控制与预防

肺结核病是一种传染病，但并不是所有结核病人都具有传染性。在结核病人中，只有显微镜检查发现痰液中有结核菌的肺结核病人（即所谓"涂阳"和"菌阳"的病人）才有传染性。

1. 控制传染源：关键是早期发现和彻底治愈结核病人，尤其是排菌的肺结核病人。

（1）肺结核患者要及时到医院就医明确诊断，以免传播给他人。

(2) 可疑结核病人，如一般消炎治疗两周无效的咳嗽、咯血患者应及时到医院明确诊断及时治疗。

(3) 结核病和易感患者，如糖尿病、矽肺、艾滋病或人类免疫缺陷病毒（HIV）感染者应接受定期（1～2年）健康体检及胸部X线检查。

2. 切断传播途径：结核菌主要通过呼吸道传播，患者随地吐痰，痰液干燥后结核菌随尘埃飞扬亦可引起结核感染。因此，养成良好的生活习惯，不随地吐痰，是预防疾病传播的重要环节。与排菌病人接触应戴口罩，做好防护。

3. 保护易感人群：儿童、老年人、糖尿病、矽肺、艾滋病或HIV感染者。

3.3.4 预防肠道传染病

肠道传染病包括细菌引起的细菌性痢疾、伤寒、副伤寒、霍乱、副霍乱以及食物中毒等；阿米巴原虫引起的阿米巴痢疾；相关病毒引起的病毒性肝炎、脊髓灰质炎等，但通常所说的肠道传染病是指以腹泻为主要症状的一组疾病。

大多数患者发病会有恶心、呕吐、腹痛、腹泻、食欲不振等肠道症状，有些伴有发热、头痛、肢体疼痛、全身中毒症状。

肠道传染病一年四季均可发病，夏秋季节是肠道传染病的高发季节。夏秋季高温潮湿，很适合苍蝇和细菌的生长繁殖；夏秋季人们喜爱生食瓜果，如洗涤消毒不彻底就容易患上肠道传染病。

【友情提示】怎样预防肠道传染病？

重点是把好"病从口入"关：

(1) 保持室内及环境卫生，清理好苍蝇、蟑螂易滋生的地方。

(2) 讲究饮食卫生，食物要新鲜，不吃变质、不洁、生冷、生腌食物；食物要储存好，防止苍蝇、蟑螂叮爬；瓜果要洗净或去皮再吃；装食物的容器和加工食品的工具要清洁。

(3) 注意个人卫生，饭前、便后要洗手，经常剪指甲，不要用手直接抓取食物。要喝开水，不喝生水。

(4) 提高卫生防病意识，在夏秋季节外出就餐要避免去卫生条件差的餐馆；尽量减少家庭聚餐。

(5) 出现腹痛、发热、呕吐、腹泻等症状要及时就医，病人的污染物和排泄物要消毒处理，防止传染病传播。

3.3.5 甲型 H1N1 的预防

甲型 H1N1 流感为急性呼吸道传染病，其病原体是一种新型的猪流感病毒，在人群中传播。人群对甲型 H1N1 流感病毒普遍易感，并可以人传染人，人感染甲流后的早期症状与普通流感相似，包括发热、咳嗽、喉痛、身体疼痛、头痛、发冷和疲劳等，有些还会出现腹泻或呕吐、肌肉痛或疲倦、眼睛发红等。

最明显的症状是，体温突然超过39度，肌肉酸痛感明显增强，伴随有眩晕、头疼、腹泻、呕吐等症状或其中部分症状。如果个体身体素质不是很好，加上自身免疫力低的话，甲型 H1N1 流感病毒正好是一个重量级的导火线，患者一旦感染，会直接引发很多并发症，甚至危及生命。但是甲型 H1N1 流感是可防、可控的，目前预防甲型 H1N1 流感的疫苗已投入使用。

甲型 H1N1 流感的潜伏期，较流感、禽流感潜伏期长，潜伏期时长 1~7 天。部分患者病情可迅速发展，来势凶猛、突然高热、体温超过38℃，甚至继发严重肺炎、急性呼吸窘迫综合征、肺出血、胸腔积液、全身血细胞减少、肾功能衰竭、败血症、休克及 Reye 综合征、呼吸衰竭及多器官损伤，导致死亡。患者原有的基础疾病亦可加重。

【你知道吗？】如何预防甲型 H1N1 流感？

1. 勤洗手，养成良好的个人卫生习惯。
2. 睡眠充足，多喝水，保持身体健康。
3. 应保持室内通风，少去人多、不通风的场所。
4. 做饭时生熟要分开，猪肉烹饪至71℃以上，以完全杀死甲型 H1N1 流感病毒。
5. 避免接触生猪或前往有猪的场所。
6. 咳嗽或打喷嚏时用纸巾遮住口鼻，如无纸巾不宜用手，而是用肘部遮住口鼻。
7. 常备治疗感冒的药物，一旦出现流感样症状（发热、咳嗽、流涕等），应尽早服药对症治疗，并尽快就医，不要上班或上学，尽量减少与他人接触的机会。
8. 避免接触出现流感样症状的病人。
9. 目前针对甲型 H1N1 流感的人用疫苗已开始生产，人注射普通流感疫苗不能有效预防甲型 H1N1 流感。

10. 普通家庭还可用酒精为日常用品消毒。

【卫生小知识】 七类人群，禁止接种使用甲流疫苗

1. 对鸡蛋或疫苗中任何其他成分（包括辅料、甲醛、裂解液等），特别是卵清蛋白过敏者；
2. 患急性疾病、严重慢性疾病、慢性疾病的急性发病期、感冒和发热者；
3. 格林巴利综合征患者；
4. 未控制的癫痫和患其他进行性神经系统疾病者；
5. 严重、中等过敏体质者，对硫酸庆大霉素过敏者；
6. 年龄小于 3 岁者；
7. 医生认为不适合接种的其他人员。

【卫生小知识】 传染病的基本防护

学习和基本掌握卫生知识特别是关于传染病的相关知识，养成良好的卫生习惯。

1. 病从口入、把好"入口"关；
2. 保持手的清洁卫生：饭前便后、外出回宿舍、使用电脑后等要洗手；
3. 勤开窗通风、勤打扫卫生、定期消毒，保持室内外环境整洁卫生；
4. 注意饮食卫生和安全，确保饮用水和食物的安全；
5. 定期或有针对性地进行预防接种。

【卫生小知识】 面对甲型 H7N9 流感，如何保护自己和他人

甲型 H7N9 流感，又称猪流感。在预防方面，没必要扎堆去接种人流感疫苗，因为预防季节性流感疫苗对预防猪流感并无效果。正确的做法是养成良好的个人卫生习惯，充足睡眠、勤于锻炼、减少压力、足够营养；勤洗手，尤其是接触过公共物品后要先洗手再触摸自己的眼睛、鼻子和嘴巴；打喷嚏和咳嗽的时候应该用纸巾捂住口鼻；室内保持通风；等等。

1. 减少到公共人群密集场所的机会，对于那些表现出身体不适、出现发烧和咳嗽症状的人，要避免与其密切接触。

2. 养成良好的个人卫生习惯，包括睡眠充足、吃有营养的食物、多锻炼身体、彻底洗净双手。

3. 在烹饪特别是洗涤生猪肉、家禽（特别是水禽时）应特别注意。特别是有皮肤破损的情况，建议尽量减少对这些肉类的接触。

4. 可以考虑戴口罩，降低风媒传播的可能性。

5. 定期服用板蓝根（可以考虑有一定规律性），以大青叶、薄荷叶、金银花作茶饮。

6. 特别注意类似临床表现，引起重视，尤其是突发高热、结膜潮红、咳嗽、流脓涕等症状。

【训练与提高】

(1) 食物中毒会出现什么症状？应如何处理？

(2) 如果你在运动时出现头晕、呼吸困难时应怎么做？

(3) 宿舍有人出现流行性感冒，应该采取什么措施？

(4) 你知道艾滋病是通过什么途径传播的吗？

(5) 你知道止血、包扎、固定和搬运伤员四种主要的救护方法吗？

(6) 你知道传染病的基本防护知识吗？

第4章 突发事件预防与应对

4.1 校园突发事件概述

【案例导读】

案例一：学生校内人身受伤害

20××年11月22日，某校学生L晚自习后到同学处拿书时与同年级学生X、Q发生口角。事后，L与同学在回宿舍途中，被X、Q等人持刀报复，L右臂被砍两刀。为躲避伤害，L在同学的护送下直奔学校保卫处，后及时送医院救治。L的伤情经法医鉴定为轻伤甲级、伤残六级。X、Q等人被绳之以法，依法承担了刑事责任。

案例二：学生参加体育运动造成人身伤害索赔案

Y和N系某学校机电专业2007级同班同学，20××年6月25日中午，这两名同学在学校食堂用过午饭后，利用中午休息时间在学校教学楼前的小广场上打羽毛球。在Y和N对打过程中，Y同学一个快攻，N同学回球不及，右眼被羽毛球击中，造成右眼部受伤。N同学被同学和闻讯赶来的老师迅速送往眼科医院接受治疗。经医院诊断，N同学伤情如下：右眼外伤性视网膜脱离，经视网膜复位术，视网膜复位，黄斑区前膜增殖。N同学治疗终结后，其伤情经××鉴定机构鉴定为十级伤残。N同学伤愈返校就读。在此期间，N的家长通过学校与Y同学家长协商损害赔偿事宜未果。20××年12月23日，N同学以Y同学和其所在学校为共同被告诉至法院，请求人身损害赔偿。法院经审理认为：被告学校并非造成该伤害事故的加害人，且其教育管理并无失当之处。同时，Y同学的击球行为合乎运动规则，不存在过错，因此不属侵权行为。依据事实，对照法律，法院驳回了原告——N同学的诉讼请求。本案是一起在校学生因自行参加体育运动造成的人身伤害索赔案。

案例三：实验课意外事件导致学生毁容

20××年10月13日下午，某学校某班化学实验课正在进行中。任课老师在反复讲了安全事项以及操作规程后，组织学生分组实验。分组实验开始后，学生C手中盛有浓硫酸的烧杯被同组同学W无意碰到。浓硫酸溅到C的左脸以及W的右前臂外侧。事故发生后，实验教师及部分学生立即将C、W送医院抢救。虽经多方治疗，但C、W某均留下残疾，尤其是C，其左脸大面积灼伤，鼻腔、口腔左侧严重变形，造成毁容。

事故发生后，双方家长多次到学校吵闹，明确要求学校赔偿巨额损失，其中，C家长提出学校为C将来安排工作，因为学校的正常教育教学秩序受到严重干扰，为此，学校将该案报告了当地公安部门，公安部门出面进行协调。

校园突发事件（Campus emergencies），是指在校园内突然发生的不可预料的严重危害师生安全，造成或者可能造成严重社会危害，破坏学校正常教学生活秩序，需要采取应急处置措施予以应对的事故灾难和社会安全事件。

4.1.1　突发校园安全事件的应对

1. 犯罪分子持刀行凶、实施暴力侵害事件的应对

（1）在第一时间，向辅导员、值班老师或校领导报告，并同时打110报警。

（2）如果学校宣布进入全面应急状态时，积极配合老师参加应急救援行动。

（3）撤离至安全区域。

2. 收到恐吓电话、短信或信件事件的应对

本应急处理程序的要点是：迅速调查清楚来电、来信人的身份和意图，维护学校和人员安全。

（1）在第一时间，向辅导员、值班老师或校领导报告，并同时打110报警。

因个人纠葛收到恐吓电话、短信或信件的人，若事件有可能影响个人人身安全或学校安全，则必须向学校突发安全事件应急处理部门报告。

（2）收到匿名恐吓电话时，要保持镇静，对来电人的无理要求，不要马上拒绝，通过商谈的形式延长通话时间，尽可能从对方获得最多的信息。有来电显示的电话机应记下对方的电话号码，否则可用写字条、做手势的方法示意身边的人员，向电信局查询电话号码，有条件的可对恐吓电话录音。

（3）对于匿名的恐吓电话和信件事件，应当立即向学校报告，应当争取警方尽快加入事件调查，对于破案的计划和策略要保密。

3. 校园内发现可疑分子的应对

本应急处理程序的要点是：迅速采取措施，控制可疑分子。

（1）在校园内发现形迹可疑、四处游荡、可能作案的可疑分子，在第一时间向辅导员、值班老师或校领导报告。

（2）若此人自述进入学校的目的明显缺乏可信度，无人证、物证可以证明，甚至说话前后矛盾、蛮不讲理，或者有证据表明此人是危险分子或犯罪嫌疑人，应当立即打110报警，由警方带走做进一步调查。

（3）若可疑分子在被盘问时夺路逃跑，应当将其相貌、身高、衣着及其他特征和逃走方向，向警方报告。

（4）在整个过程中，应当采取切实有效的措施，防范可疑人物使用暴力，以确保自身的安全。

4. 校园内发现可疑物品的应对

（1）收到可疑邮包或发现可疑物品的任何个人都应当在第一时间向学校报告。

可疑邮包是指：邮戳异常（寄包人地址与邮戳地址不符）、字体奇特、打印粗劣以及收件人姓名、形状、重量、气味、包装、邮包内的声音等异常。

可疑物品是指：物品外表、重量、气味可疑，不是本校的物品，也从未看到过此种物品，不知此物品有何用途，为何会摆放在校园内某处。

（2）发现可疑邮包和可疑物品的任何人员，都不应当试图打开或随意摆弄它。要禁止在周围吸烟或使用手机、对讲机或发动机动车辆等。

（3）学校应当指定有专业知识和经验的人员进行初步鉴别，判断是不是危险物品。若不能排除其危险性，应当立即打110报警，请警方专业人员进行检测和处理。

（4）若可疑邮包和物品被警方确定为危险物品，应当立即在其周围设置警戒线，立即撤离，并采取严密的防范措施。

（5）应当配合警方在校内其他区域搜寻检查，确定在校园内是否还有其他可疑物品。

5. 突发校园公共卫生事件的应对

突发性公共卫生事件，具有起病急、传播迅速等特点，对师生的身体健康和社会安定会造成一定影响。为确保疫情能够得到及时、迅速、高效、有序地处理，保障师生身体健康，维护社会稳定，根据《全国突发公共卫生事件应急预案》的规定，将突发事件的等级分为一般突发事件、重大突发事件和特大突发事件。根据突发事件的不同级次分类，结合学校的特点，在必要时启动相应的突发事件应急预案，做出传染病三级应急反应。

（1）一般突发事件。

所在地区发生属于一般突发事件的疫情，启动第三级应急响应。

①启动报告和零报告制度，学校实行 24 小时值班制度，加强系统内的疫情通报。

②学校做好进入应急状态的准备，落实各项防治措施。

③学校内如尚无疫情发生，可保持正常的学习、工作和生活秩序，但对集体活动进行控制。

④传染病流行时加强对发热病人的追踪管理；呼吸道传染病流行期间，教室、图书馆、食堂等公共场所必须加强通风换气，并采取必要的消毒措施；肠道传染病流行期间，对厕所、粪便、食堂及饮用水应加强消毒。

⑤严格执行出入校门管理制度。

（2）重大突发事件。

所在地区发生属于重大突发事件的疫情，启动第二级应急响应。除对接触者实施控制外，全校保持正常的学习、工作和生活秩序。在第三级疫情防控措施的基础上，进一步采取以下措施：

①开展有针对性的健康教育，印发宣传资料，在校园张贴宣传标语宣传画，提高师生员工的自我保护意识和防护能力，外出和进入公共场所要采取必要的防护措施。

②对全体师生每日定时测量体温，发现异常情况及时上报。

③对重大传染病的密切接触者，学校要配合卫生部门做好隔离、医学观察和消毒等工作。

④加大进出校门的管理力度，控制校外人员进入校园。

⑤学校根据情况，及时向师生员工通报疫情防控工作的情况。

（3）特大突发事件。

所在地区发生属于特大突发事件的疫情，启动第一级应急响应。在第二、三级疫情防控措施的基础上，进一步采取以下措施：

①实行封闭式校园管理，住校学生不得离开学校，严格控制外来人员进入校园。

②全面掌握和控制人员的流动情况，教职工外出必须向所在部门请假。外出学生和去疫区的人员返校后，必须进行医学观察。对缺勤者要逐一登记，及时查明缺勤原因。发现异常者劝其及时就医或在家进行医学观察，暂停上学或上班。

③避免人群的聚集和流动。学校不组织师生参加各类大型集体活动，调整大型会议时间；学校不安排教师外出参加教研和学术活动；学生的社会实践、社区服务等活动暂缓进行。

④对教室、实验室、图书馆、厕所等场地使用期间每日进行消毒，通风换气。

⑤学校每日公布校园疫情防控工作的情况。

（4）校内疫情。

校内若出现重大传染病疫情，应在卫生部门的指导下，启动相应的应急响应。同时要根据实际情况，适时开展以下工作：

①要根据出现传染病的种类和病人的活动范围，相应调整教学计划。出现一例传染病如非典型肺炎、禽流感、鼠疫及肺炭疽的疑似病例，可对该班级调整教学方式，暂时避免集中上课；出现一例上述的临床诊断病例或两例及以上疑似病例，学校在报请上级教育行政部门批准后，可对该班级和相关班级实行停课；如出现两例及以上上述的临床诊断病例及校内续发病例，可视情况扩大停课范围。若需全校停课，须报市教育局批准。

②采取停课措施的班级或学校，合理调整教学计划、课程安排和教学形式，采用电话咨询与指导、学生自学等方式进行学习。做到教师辅导不停，学生自学不停。如学校停课放假，学校领导和教师（非密切接触者）要坚守岗位，加强与学生和家长的联系。

③尊重和满足师生的知情权，主动、及时、准确地公布疫情及防治的信息。对教职工和学生进行正确的引导，消除不必要的恐惧心理和紧张情绪，维护校园稳定。

6. 群体性斗殴事件的应对

（1）获得群体性斗殴事件信息的任何个人都应当在第一时间向学校报告。若事态已经失控或后果严重，应立即打110报警。

（2）若有校外人员参与斗殴，应帮助老师设法不让他们逃离。

（3）若斗殴者手中有器械，应帮助老师首先收缴所有斗殴器械。

（4）若有学生受伤，应立即帮助进行救治，或打120送医院，并及时与家长联系。

（5）如果在现场并力所能力的情况下，应分离斗殴双方，避免事态进一步恶化。

7. 火灾事件的应对

（1）获得火灾信息的任何个人都应当在第一时间向学校报告，并同时打119报警。

（2）听从学校应急处理救援行动小组的指挥，选择合适的疏散路线紧急疏散。

（3）在初起火点现场的学生，要使用消防栓、灭火器材等进行灭火自救。

（4）如果在火灾中受伤，要马上接受治疗。

（5）火灾扑灭后，必须在学校解除警戒线后才能回到现场。

8. 群体性食物中毒事件的应对

（1）发现师生出现食物中毒症状的任何个人都应当在第一时间向学校报告。

（2）停止食用造成食物中毒或者可能造成食物中毒的食品。

（3）立即对有食物中毒症状的学生进行医治，有明显或严重症状的学生，立即送医院救治。

（4）及时与患病学生的家长和亲属联系。

（5）配合学校做好善后工作，维护正常教学生活秩序。

9. 楼梯挤踏和坠楼事件的应对

（1）发现楼梯挤踏和坠楼事件的任何个人都应当在第一时间向学校报告。

（2）如果在现场必须在原地站立不动，不能向前移动。如外走廊或楼梯扶栏已损坏，应当尽可能朝里站。

（3）有秩序地向后移动，为楼梯上的人员让出空间，为营救创造条件。

（4）救护人员应当全力抢救受伤人员，对危重伤员进行急救，并拨打120求援。

（5）应当在事件现场设置警戒线，维护现场秩序，避免拥挤和混乱，并为救援人员提供通道。

10. 体育伤害事件的应对

（1）发现学生在体育活动中受伤时应当立即向当班体育老师和学校报告。

（2）应当立即送学生去医务室救治，如校医认为有必要，立即送医院救治。

（3）下肢受伤的学生，不可让其自己行走，必须背运；胸闷、晕倒的学生不可背运，必须抬送。对颈椎、腰椎骨折学生不宜推动，应请骨科专业医生协助。

（4）应当了解，在学生受伤的过程中，是否有人对事故的发生和扩大负有责任，还应了解学生的体质是否适合进行该项体育活动。

11. 触电事件的应对

（1）发现触电事件的任何个人都应当在第一时间抢救触电者，并让在场人员打120求援，同时向学校报告。

（2）触电解脱方法：

①切断电源。

②若一时无法切断电源，可用干燥的木棒、木板、绝缘绳等绝缘材料解脱触电者。

③用绝缘工具切断带电导线。

④抓住触电者干燥而不贴身的衣服，将其拖开，切记要避免碰到金属物体和触电者的裸露身体。

注意：要预防触电者解脱后摔倒受伤。另外，以上办法仅适用于220/330V"低压"触电的抢救。对于高压触电应及时通知供电部门，采用相应的紧急措施，以免发生新的事故。

12. 防暴雨雷击事件的应对

（1）暴雨来临时，若发现险情，立即向学校报告，启动应急处理程序。

（2）若房屋内漏雨，应当切断电源，有秩序地在老师的引导下转移到安全地方。

（3）若有雷电，应当尽可能地切断除照明以外重要的设施设备的电源，防止电器在打雷时遭到雷电侵袭。

（4）若暴雨造成宿舍进水、校园积水，应当尽可能防止厕所进水和溢水，防止水污染，并配合学校做好消毒和清洁工作。

（5）应当在老师的引导下有秩序地转移，避免推挤踩踏，堵塞通道。

13. 交通安全事件的应对

（1）接受交通安全常识的宣传教育，时刻提醒自己进出校园和经过马路时要注意交通安全，特别是在外出时，防止交通事件的发生。

（2）学生在校外马路上发生交通安全事件，要及时拨打110报警并保护好现场。

（3）在出现紧急情况的时候，要注意按照应急疏散指示、标志和图示合理正确地进行疏散。

14. 溺水事件的应对

（1）自觉接受游泳安全教育。

（2）要掌握有关防溺水、自救等知识，在紧急情况下，会进行简单的处理。

（3）一旦发生学生溺水事件，应在第一时间内报警、组织施救，同时向学校报告。

（4）如有伤者，应及时送最近医院救治。

4.2　防范校园暴力

教育专家分析说，心理上的狭隘、自私、唯我独尊、好占上风是青少年走上犯罪道路的内因，错误的家庭教育方式以及心理健康教育的缺乏则是不容忽视的外因。暴力案件的发生往往具有突发性和偶然性，校园暴力案件的增加是和现在普遍存在于青少年中的暴力倾向密不可分的。

所谓校园暴力是指以学校为地域实施的违法犯罪行为，从暴力犯罪行为的发生地和行为实施主体两方面看，校园暴力是指以学校及其周边地区为地点，犯罪主体或犯罪对象包含学生与教职工的暴力犯罪行为。

> 预防校园暴力"六要"
>
> （1）要加强自身思想道德修养，正确认识自我，认识社会，树立正确的人生方向、追求目标。
>
> （2）要培养良好的心理素质，有意识地参加心理健康知识讲座、进行心理咨询，形成健康向上的心理。

（3）要学会控制情绪、增强社会应变力，学会处理现实与愿望的矛盾，学会自我调适，事前做理智思考。

（4）要努力建立和谐的人际关系，放弃自卑心理，充满信心地对待生活，能够接纳他人，使自己的心理处于轻松愉快之中。

（5）要正确处理恋爱与性问题，以严肃的态度对待爱情，正视恋爱关系，保持稳定的情绪及健康的心理。

（6）要多参加有益的课外活动，丰富自身的课外生活，营造周边良好的学习生活环境，将一切违法的思想意识挤出校园。

4.3 "四防"预防与应对

【案例导读】

案例一：

某学校外语系的Z同学报告学院保卫处说：有一次下午她在学校的图书馆上机的时候，忘记把钱包和手机从书包里拿出来，书包存放在机房门口的存包柜子里，等到上机结束出来拿书包时发现，钱包和手机不翼而飞。

案例二：

某校发生了一起学生在教学区被抢走手机和几千元钱的抢劫案件。该校配合当地派出所对案情进行了深刻的推理和剖析，认为犯罪分子很有可能再次下手。于是，便在教学区的东馆、西馆、教学中楼和西楼等处彻夜地布控、蹲点。经过整整10天布控，犯罪分子在第二次作案时被当场抓获。据审查，该团伙共4人，已在当地几所学校连续作案，并多次获得成功。

案例三：

20××年，某市4所学校几百名外地学生在订春运机票时上当受骗，13万元订票款被骗子卷走。大部分受骗的学生说，他们学校有180多名学生通过同学牵线，向一家机票代理点集体订票，原定在当月10日就可拿到机票，可时间一拖再拖，最后他们才发现受骗。这场骗局是以"低价格高回扣"的方式进行诈骗的。

从上述案件可以看出，近年来校园内盗窃、抢劫、诈骗等案件仍频繁发生，给校园的平静生活带来不安定因素，给学生的学习和生活带来了心理负担和压力。纵观这些案件，多数是由于学生缺乏必要的防范意识，遇到问题又缺乏必要的解决方法造成的。

4.3.1 防盗

现代校园，拥有银行卡、手机、MP3、电子词典、数码相机、笔记本电脑的学生越来越多，在校学生贵重物品失窃事件也随之增多。如何在日常生活中提高安全意识，看管好自己的物品，是同学们需要认真思考和解决的问题。那么，校园日常生活中应该采取怎样的措施防盗呢？

1. 注意贵重物品的收藏

（1）手机、身份证、MP3、收录机、电子词典、数码相机、笔记本电脑、黄金饰品、CD机、随身听等贵重物品不用时，最好锁在柜子里。在价值较高的贵重物品上最好有意识地做上一些特殊的记号，有条件的学生租用保险箱存放。

（2）现金要存入银行，尤其是数额较大时，更应及时存入银行并加密码。发现存折或银行卡丢失后，应立即到银行挂失。

（3）在宿舍内东西不要随意乱丢乱放，以防被顺手牵羊、乘虚而入者盗走。

（4）离校时应将贵重物品带走或托可靠人保管，不可留在寝室。

（5）住低层楼房的同学，睡前应将现金及贵重物品锁入柜子，防止被"钓鱼竿"钩走。

2. 注意重要证件的保管

（1）要注意存折、信用卡、饭卡等不要与自己的身份证、学生证等证件放在一起，要有意识地将这几类物品分开保管，以免同时被盗后有人用身份证冒领存款及汇款。

（2）对各类有价证卡最好的保管方法，就是放在自己贴身的衣袋内里。

（3）如果参加体育锻炼等活动必须脱外衣时，保管好自己的钥匙。

3. 随手关门，预防室内物品失窃

（1）一定要养成随手关好门窗的习惯，注意保管好自己的钥匙，做到宿舍钥匙不离身，不随意外借，养成不乱扔乱放钥匙的习惯。

（2）在离开宿舍、教室、实验室时要随手关好门，哪怕是离开几分钟也不能例外。

（3）学校的实验室、计算机房等重要场所，也应做到换人换锁，防止钥匙失控和被盗事件。

4. 严格控制外来人员进入宿舍楼，不要在寝室随意留宿他人

（1）如果在学生宿舍发现可疑人员，应保持高度警觉，主动上前询问，态度要和气，问得要细致，必要时还可以找人帮助。

（2）倘若来人回答疑点较多，神色慌张，则需要进一步盘问，问其姓名、单位，要求看其证件。

（3）为避免矛盾，也可叫老师或学生干部或宿舍管理人员出面询问，若核实无误，应让其离去。

（4）如来人经盘问疑点很多，不肯说出其真实身份，就应一面由宿舍管理值班人员及学生干部与其谈话将他拖住，一面打电话给学校保卫部门，尽快来人盘查弄清情况。

【安全小贴士】校园易发盗窃案件的时间和地点

（1）刚入学，宿舍较乱，易发生被盗。
（2）放假前，易发生各类卡被盗。
（3）假期学生离校后，易发生撬门被盗。
（4）同学都去上课时，易发生宿舍物品被盗窃，尤其是第一、二节课时。
（5）上晚自习，如相连的几个寝室人走空，都熄了灯，有可能发生被盗。
（6）夏秋季节，开窗睡觉易发生"钓鱼"盗窃。
（7）夏季开门多，易发生乘虚而入的盗窃。
（8）学院举办大型文体活动、外来人员剧增时，发生盗窃的可能性也增加。
（9）学院开大会、运动会、考试、周末或假日看电影等，因学生少，易发生盗窃。

【友情提示】

盘问陌生人时，态度始终要和气，切不可动手，也不能随意进行搜查，如果可疑人真是个盗窃分子，还要提防其突然行凶或逃跑。

【你知道吗？】如何安全使用银行卡

1. 银行卡设置密码一般不宜使用出生日期、家庭电话、手机号码等易被人破译的数字。
2. 在购物消费或取款时不要随意将银行卡交给他人，按密码时注意保护个人信息。
3. 不要将银行卡密码告诉或泄露给别人，一旦泄露应及时更换密码。
4. 银行卡与居民身份证应分开存放。
5. 银行卡被ATM机吞卡时应及时与银行联系，谨防犯罪分子骗取银行卡信息和密码。
6. 使用银行卡在ATM上操作时，谨防他人偷窥密码，操作完毕后不要忘记将银行卡取出。
7. 存、取款时发现ATM机等机体上有不明装置，请立即拨打"110"报警电话。

(8) 经常核对个人银行卡中的金额，适时更改银行卡密码，一旦发生银行卡被窃或遗失，应立即办理挂失手续，尽可能地避免个人损失。

4.3.2 防抢

校园抢劫的特点

1. 作案时间一般为师生休息或校园内行人稀少、夜深人静之时。

2. 抢劫案件多发生于校园比较偏僻、阴暗、人少的地带，一般为树林中、小山上、远离宿舍区的地方，或无路灯的人行道、正在兴建的建筑物内。

3. 抢劫对象主要是携带贵重物品的、单身行走的学生，特别是单身行走的女生，晚归无伴或少伴的、滞留于阴暗无人地带的学生等。

4. 外地流窜人员作案的案件增多。

校园抢劫的防范措施

1. 不外露或不向陌生人炫耀贵重物品。

2. 深夜尤其是在夏天不要在校园树林中、茂盛的绿化带等偏僻地段行走。

3. 对陌生人不要过于亲近。对陌生人不要有问必答，不要接受陌生人请吃的东西，不要随意给陌生人留下自己的电话号码和住址，更不能轻易地到陌生人的家里去。

4. 如果夜间坐出租车回校，一定要坐在后座，发现异常要立即下车，记住车牌号，拨打110报警，不给坏人以可乘之机。

校园抢劫的自我保护

(1) 遭遇抢劫，一定要冷静、勇敢地进行应对，但以保护自身安全为第一原则。遭遇抢劫时，应努力做到：

当危险和意外发生时，不要过于慌张，应冷静地观察，对双方力量做出准确的判断；

在确认能够保护自身安全的情况下，应努力抗争保护自己的财物；

如果对方人多势众并持有凶器，则应放弃财物，确保自身不受伤害。

(2) 如果对方不但要强行占有你的财物，还对你的生命安全构成极大威胁时，就必须果断采取措施进行抗击。

(3) 不论对方的抢劫是否成功，都要大声呼救，或高声地与作案人说话，只要具备反抗的能力或时机有利，就应发动进攻，以制服作案人或使作案人丧失继续作案的能力。

(4) 要善于与作案人较量。

①在可能的情况下，要尽可能利用有利地形和身边的砖头、木棒等足以自卫的武器与作案人形成僵持局面，短时间内使其无法近身，以便引来援助者并

对作案人造成心理上的压力。

②实在无法与作案人抗衡时,可以看准时机向有人、有灯光的地方或宿舍区奔跑。

(5) 要巧妙地麻痹作案人。

①当自己处于作案人的控制之下而无法反抗时,可按作案人的要求交出部分财物,并有理有据地对作案人进行说服教育、晓以利害,从而造成作案人心理上的恐慌,切不可一味地求饶。

②应当尽力说笑斗口,善于周旋,采取幽默方式表明自己已交出全部财物并无反抗的意图,使作案人放松警惕,以便自己看准时机摆脱控制。

(6) 注意观察作案人的身体特征。

①要趁其不在意时在作案人身上留下记号,如在其衣服上擦点泥土、血迹,抓掉他佩戴的小物件等。

②注意观察作案人,尽量准确记下其特征,如身高、年龄、体态、发型、衣着、胡须、语言、行为等。

(7) 案发后要及时报案。

4.3.3 防骗与防勒索

1. 常见的诈骗形式

(1) 伪装身份,骗取钱财。

(2) 投其所好,引诱上钩。常有骗子以帮助办理出国手续、介绍工作等手法为诱饵,达到行骗的目的。

(3) 利用关系,寻机骗钱。常有一些前来寻访的同学、朋友、老乡之类的人,有些同学思想单纯,缺乏经验,轻易相信别人,结果被骗去钱财。

(4) 借贷为名,诈骗钱财。有的骗子利用人们贪图便宜的心理,以高利还款为诱饵,向教师和学生以"急于用钱"为由借钱。

(5) 以次充好,恶意诈骗。一些骗子打着物美价廉的旗号混入校园或学生宿舍里推销产品,以次充好。

(6) 手机诈骗,网络陷阱。手机或网络诈骗的伎俩主要有:事先付款,有去无回;以次充好,短斤缺两;通知中奖,却要先付手续费;诱人的广告,套取你高额的电话费、手机号码或银行账号。

(7) 骗取信任,寻机作案。诈骗分子常利用一切机会与学生拉关系、套近乎,骗取信任后寻机作案。

(8) 故意制造事端,勒索钱财。

2. 提高警惕,防范诈骗案件的办法

(1) 保持健康心态,提高防范意识,学会自我保护。

（2）交友要谨慎，避免以感情代替理智。
（3）同学之间要相互沟通，相互帮助，发现可疑人员要及时报告。
（4）克服主观感觉，避免以貌取人。
（5）服从校园管理，自觉遵守校纪校规。

【你知道吗？】学生容易受骗四原因

1. 思想单纯，分辨力差。
2. 感情用事，疏于防范。
3. 有求于人，轻率行事。
4. 贪小便宜，急功近利。

3. 防勒索

（1）校园勒索案件的特点。

常见的敲诈勒索方式主要有口头勒索、带条子威胁、第三者传话勒索威胁等。无论哪一种方式，共同点都是勒索者抓住了个别同学的某些把柄或弱点，据此威胁而达到索要钱财的目的。

（2）防范敲诈勒索的方法。

①受到勒索者的威胁恐吓，一不害怕、二不照做，应当敢于将遇到的事情报告给老师和相关部门。

②与敲诈勒索者巧妙周旋。一旦遇到威胁者，一定要沉着、冷静，巧妙周旋、果断寻找机会，充分利用身边的人、物寻求帮助，同时尽快报警。

③摒弃破财免灾的观念。应该相信正义的力量，依靠法律，勇敢地揭露阴谋，将作案人绳之以法。

4.4 远离黄、赌、毒

【案例导读】

案例一：

某学校学生X，女，16岁。20××年10月至12月间，X为牟取非法利益，多次介绍未成年人在校学生卖淫。20××年12月21日晚，X受社会青年L邀请，带其朋友W（17岁、学生，但非卖淫者）至M的大哥Z某的暂住处，X、M二人意图让Z与W发生性关系。当时，在X提议下，M购买了500元的冰毒，由四人共同吸食。吸毒后，Z伺机拥抱W，但遭到了W的拒绝。尔后，四人转至某酒店，M、X为给Z创造奸淫的条件，再次引诱W吸食冰毒，致使W神志不清。于是，Z在W不情愿的情况下，强行与W发生了性关系。事后，X从Z处获得1 000多万游戏币（折合人民币1 000多元）。20××年1月4日，被害人W报案。

案例二：

某校学生小J，19岁，在一所学校读大二。因为家离学校不远，他一直住在家里，父母每个月给他600元生活费（含午餐和交通费）。自20××年5月起，小J向家里要钱的频率越来越高。除生活费外，仅5月、6月两个月，他从家里拿走了2 700元。刚开始，其家长还以为是儿子瞒着交了女朋友。7月2日，家长的一次跟踪才知道了事情的真相，原来小J的钱是送给了赌博机。7月2日是周六，中午吃完饭，小J便出门了，其家长悄悄跟在后面。15分钟后，小J来到"乐X城"商场，径直上了5楼的"博客玩家"电玩城。发现小J竟在电玩城里玩赌博机，10多分钟输掉了150元。两个月的时间里，小J共输掉了4 000多元。

近年来，青年违法犯罪较多，尤其是因"黄赌毒"诱发的犯罪率有上升趋势，且速度越来越快。"黄赌毒"诱发犯罪，严重影响着广大青少年的健康成长，给家庭、社会带来严重的不良后果。

黄赌毒，指卖淫嫖娼，贩卖或者传播黄色信息，赌博，种植、买卖或吸食毒品的违法犯罪现象。

4.4.1 青年学生身陷其中的原因

青年学生陷入"黄赌毒"的原因是多方面的。主要有：

（1）家庭方面的原因。诸如家庭不和，养而不教，教育方法不当，家长或其他家庭成员行为不当，严重影响到孩子的健康成长。

（2）学校方面的原因。学校对学生的法制和道德教育亟待加强，同时缺乏必要的性知识、性道德教育和法律教育。

（3）社会方面的原因。从青年违法犯罪案例中可以看出，青年受不良文化影响并导致违法犯罪的情况触目惊心。不少人犯罪纯粹是对一些影视镜头的刻意模仿，尤其因"黄赌毒"而诱发犯罪的青年多为影视里花天酒地的生活方式所诱惑。涉嫌性犯罪的学生几乎全部观看过淫秽影碟或访问过色情网站。

（4）青年自身方面的原因。道德素养差，法律意识薄弱；缺乏正确的人生观、价值观、世界观；交友不慎，误入歧途；贪图享受、好逸恶劳；等等。

4.4.2 拒绝色情诱惑

1. "黄"的危害

所谓淫秽物品,是指具有描绘性行为或者露骨宣扬色情的淫秽性的书刊、影片、录影带、图片及其他淫秽物品。个别同学不知深浅涉足淫秽物品后,犹如陷入泥潭,不能自拔,整日精神萎靡、心神不定、想入非非,以致荒废学业,有的还坠入违法犯罪的深渊,彻底毁了自己。

2. 黄色网站传播色情

由于网络传播信息方式的全球性、超地域性,在五花八门的信息海洋里,一些学生或是出于好奇心理或是不自觉进入黄色网站,自制力强的学生选择自觉退出,但有一部分学生却身陷其中,不能自拔;有的学生不但自己观看还下载黄色内容并传播给同学朋友。某高校对130名男生做调查,默认曾浏览不健康网站的占89%。

3. 手机涉黄

手机功能的不断升级,给黄色图片和黄色短片的下载提供了土壤。黄色短信满天飞,黄色语音电话号码比比皆是,手机上网能链接到各种黄色淫秽网站,不少学生深受"黄毒"危害。

4. 女生"卖淫"

为何当下时不时出现大学女生卖淫的现象。其原因有三点:

(1) 家庭和学校教育的缺失,学生缺少关爱。

许多家长可能忙于工作而无暇顾及子女,家庭监管相对弱化。这些学生从小受到家长的溺爱,因而一旦离开父母,缺少必要关爱时,行为上自我管束就变弱,容易受到社会的不良诱惑而增加违法行为的可能性。同时,学生缺乏必要的安全意识,对社会缺乏必要认知,自我保护意识相对薄弱,并且校园松散的管理制度,也加剧了学生违法行为的发生。

(2) 个性习惯方面的欠缺,学生缺乏人格化教育。

如今独生子女的条件和优越的成长环境让部分学生养成了养尊处优的心态。以自我为中心,行为不受拘束,叛逆思想严重。这些都导致学生因为学业上得不到自我肯定,而为寻求刺激,染上好吃懒做的恶习。

(3) 社会不良价值观念的影响。

当前,在一些人思想中求财谋利已成为一切活动的中心,谋取金钱、讲究实惠成为其生活奋斗的首要目标,个人财产的多少成为衡量一个人价值和地位的重要标准。

4.4.3 赌博的危害

社会上的赌博恶习有悄然向校园渗透、蔓延的迹象,严重影响着学生的生活习性和思想道德观念，影响着学校的学风、校风和精神文明建设。学生赌博现象已越来越引起社会的关注。

1. 涉赌现状

学生寝室玩牌，其中多有赌博现象，有些学生则到桌球厅、麻将馆、网吧或游戏厅赌博。

2. 涉赌形式

学生赌博形式多样，比较普遍的旧式赌博是打牌、玩麻将、打桌球赌博，而今，地下博彩、赌球、网络赌博等新方式纷纷亮相。

3. 赌博动机

学生涉赌，动机各异。少数学生赌博动机是希望赢钱来改善生活处境；多数学生是为了娱乐，消磨时光；少量学生因碍于同学情面被迫参与赌博。有学生或因赌博上瘾，难以戒除，或因赌博负债累累，急于翻本还债。有些学生认为，赌博可以在短时间获取丰厚利润，是一条致富捷径，所以往往沉迷其中，难以自拔。同时，不法分子为了牟取暴利，常常欺骗社会经验不足的大学生，宣扬赌博容易发财，一夜可以暴富。个别学生经不住诱惑，抱着侥幸心理，想试试手气，结果陷入"陷阱"。

4. 赌博的危害

赌博荒废学业，劳民伤财，害人害己害社会。

4.4.4 拒绝毒品

【安全权威提示】

根据《中华人民共和国刑法》第357条规定，毒品是指鸦片、海洛因、甲基苯丙胺（冰毒）、吗啡、大麻、可卡因以及国家规定管制的其他能够使人形成瘾癖的麻醉药品和精神药品。毒品通常分为麻醉药品和精神药品两大类。其中最常见的主要是麻醉药品类中的大麻类、鸦片类和可卡因。

1. 毒品的危害

（1）吸毒对身体有毒性作用，中毒的主要特征有：嗜睡、感觉迟钝、运动失调、幻觉、妄想、定向障碍等。

（2）戒毒后的戒断反应，这是指长期吸毒造成的一种严重和具有潜在致命危险的身心损害，通常在突然终止用药或减少用药剂量后发生，主要表现为许多吸毒者或死于严重的身体戒断反应引起的各种并发症，或由于痛苦难忍而自杀身亡。

（3）精神容易形成障碍与变态。吸毒后最突出的精神障碍是幻觉和思维障碍，吸毒的行为特点是围绕毒品转，甚至为吸毒而丧失人性。

（4）感染性疾病。采用静脉注射毒品会带来感染性合并症，最常见的有化脓性感染和乙型肝炎，此外，还损害神经系统、免疫系统，易感染各种疾病。

（5）对家庭的危害。吸毒者在自我毁灭的同时，也破坏自己的家庭，使家庭陷入经济破产、亲属离散甚至家破人亡的困难境地。

（6）对社会的巨大破坏。吸毒首先导致身体疾病，其次是造成社会财富的巨大损失和浪费，同时毒品活动还造成环境恶化，缩小了人类的生存空间。

（7）毒品活动扰乱社会治安。毒品活动加剧诱发了各种违法犯罪活动，扰乱了社会治安，给社会安定带来巨大威胁。

2. 学生如何做到远离毒品

（1）必须做到"四个牢记"：牢记什么是毒品；牢记吸毒极易成瘾，并极难戒断；牢记毒品害人、害己、害家、害国；牢记吸毒是违法，贩毒是犯罪。

（2）永远不尝"第一口"。

（3）正确面对困难和挫折，千万不能借毒消愁。

（4）保持健康向上的生活方式。

（5）慎重交友。很多吸毒者是因朋友请参与唱卡拉OK等活动而被引诱染上毒瘾。

（6）远离不健康的娱乐场所。

【你知道吗？】怎样识别出火锅和食物中加了罂粟壳

第一，从外观上识别。罂粟壳外形为枣核形，如鸽子蛋大小，一头尖，另一头呈 9~12 瓣冠状物。其壳体上往往有人为切割的多道刀痕。

第二，初吃加了罂粟壳的火锅和卤制品后，一般有心跳加快、脸微红、口感舒服，吃后不易入睡等感觉。

第三，如觉得吃的火锅和卤制品后可疑，要想揭露这种犯罪，就需要留下不少于 50mL 的火锅汤（最好取下层含油少的汤），送到当地的毒品检测机构或公安局的刑事技术化验室进行成分分析。

4.5　珍惜自己，远离艾滋

艾滋病的医学全称为"获得性免疫缺陷综合征"（英文缩写 AIDS），是由艾滋病病毒（医学全称为人类免疫缺陷病毒，英文缩写 HIV）引起的一种严重传染病。艾滋病病毒侵入人体后，破坏人的免疫功能，使人体易发生多种感染和肿瘤，最终导致死亡。

艾滋病病毒感染者及病人的血液、精液、阴道分泌物、乳汁、伤口渗出液中含有大量艾滋病病毒，具有很强的传染性。感染艾滋病病毒2～12周后才能从人体的血液中检测出艾滋病病毒抗体，但在检测出抗体之前，感染者已具有传染性。艾滋病病人的病状为出现原因不明的长期低热、体重下降、盗汗、慢性腹泻、咳嗽、皮疹等。

艾滋病是一种危害大、病死率高的严重传染病，是可以预防的。目前尚无有效预防艾滋病的疫苗和治愈药物。

4.5.1 艾滋病的传播途径

（1）在世界范围内，性接触是艾滋病最主要的传播途径。目前在我国共用注射器静脉吸毒是艾滋病的主要传播途径，但经性接触传播艾滋病的比例逐年上升。

（2）输入被艾滋病病毒污染的血液或血液制品，使用未经严格消毒的手术、注射、针灸、拔牙、美容等进入人体的器械，都能传播艾滋病。

（3）感染了艾滋病病毒的妇女通过妊娠、分娩和哺乳有可能把艾滋病传染给胎儿或婴儿。在未采取预防措施的情况下，约1/3的胎儿和婴儿会受到感染。

（4）以下途径不会传播艾滋病：

①在日常生活和工作中，与艾滋病病毒感染者或病人握手，拥抱，礼节性接吻，共同进餐，共用劳动工具、办公用品、钱币等不会感染艾滋病。

②艾滋病不会经马桶圈、电话机、餐饮具、卧具、游泳池或浴池等公共设施传播。

③咳嗽和打喷嚏不传播艾滋病。

④蚊虫叮咬不会感染艾滋病。

4.5.2 艾滋病的预防和控制

（1）洁身自爱、遵守性道德是预防经性接触感染艾滋病的根本措施；正确使用质量合格的安全套，及早治疗并治愈性病可大大减少感染和传播艾滋病、性病的危险。

（2）避免不必要的注射、输血和使用血液制品；必要时，使用经过艾滋病病毒抗体检测合格的血液或血液制品，并使用一次性注射器或经过严格消毒的器具。共用注射器静脉吸毒是感染和传播艾滋病的高危险行为，要拒绝毒品，珍爱生命。

（3）艾滋病病人要坚持规范服药，治疗中出现问题应及时寻求医务人员的帮助；随意停药或不定时、定量服用抗病毒药物，可能导致艾滋病病毒产生耐药性，降低治疗效果，甚至治疗失败。

（4）艾滋病自愿咨询检测是及早发现感染者和病人的重要防治措施。

（5）与艾滋病病毒感染者或病人的日常生活和工作接触不会被感染。关心、帮助、不歧视艾滋病病毒感染者和病人，鼓励他们参与艾滋病防治工作，是控制艾滋病传播的重要措施。

（6）要在经过艾滋病防治技能培训的医生指导下，对艾滋病病人进行抗病毒治疗。

【训练与提高】

（1）你有随手乱放贵重物品及出门不关门不锁门的习惯吗？

（2）外出时你会妥善保管好随身携带的财物吗？

（3）当你在宿舍楼遇见陌生人时会怎么做？

（4）你了解赌博的危害吗？

（5）在 ATM 机上取款应注意什么？

（6）宿舍楼内的学生都去上课了，当你发现有宿舍门没锁，屋内桌上放着笔记本电脑，你会怎么办？

（7）如果发现有同学藏有管制刀具，你会怎么办？

（8）你知道毒品有哪些种类？你怎样做到远离"黄赌毒"？

（9）什么是艾滋病病毒？关于艾滋病防范措施你知道多少？

第 5 章 校园经济行为

经济行为是指经济主体参与经济法律关系的过程中，为达到一定经济目的、实现其权利和义务所进行的经济活动。它包括经济管理行为、提供劳务行为和完成工作行为等。

校园经济行为主要是指大学生主体的个人消费行为、投资行为和就业行为的总和。

在校学生的消费行为就是花钱的过程，包括消费心理、消费意向、消费意识、消费嗜好等深层次的内容。有调查显示：大学生外出聚餐、请朋友吃饭、外出旅游、通信及使用网络方面的费用较多，消费结构呈现多元化。在消费方式上，也比较先进。大部分在校学生喜欢现金消费，但是银行借记卡、校园卡等也是大学生钱包中必备的。在校生作为社会上一个活跃的群体，虽然在经济收入上未跟上社会，但在消费意识和消费方式上完全与社会同步。他们的合理理财和储蓄意识十分淡薄，打工兼职意识较浓，打工兼职行为也较为普遍。

2015年，中国人民大学信用管理研究中心调查了全国252所高校的近5万大学生，并撰写了《全国大学生信用认知调研报告》。调查显示，在弥补资金短缺时，有8.77%的大学生会使用贷款获取资金，其中网络贷款几占一半。本章主要对大学生在校园贷款、信用卡的申办使用，以及打工兼职期间会出现的一些安全的问题阐述预防与应对的办法。

5.1 校园贷

【案例导读】

案例一：杭州某大学生谎称家里开船厂，在新加坡有酒店，兼之出手阔绰，是同学眼中的标准土豪。在取得同学信任后，以做代购生意，向家里证明自己的能力但缺乏启动资金为名，骗取同学帮他到互联网金融平台贷款，拿到钱后却用于赌球，最终全部输光。该生行骗同学多达40余人，骗取的贷款最多达数万元。

案例二：视频案例，网址：http：//tech.qq.com/a/20170527/009648.htm

一笔8 000元的贷款,经过高利贷的利滚利最后竟变成20多万元;女大学生拍裸照抵押借钱,逾期未还裸照被公布;暴力催收不仅让大学生有学不能上,全家都跟着东躲西藏;冒用同学名义四处借债,累积百万无力偿还跳楼自尽……近来,因校园贷引发的恶性事件频频成为社会新闻的头条。

校园贷款是专门针对在校学生发放的各类贷款总称,包括助学贷款、校园创业贷款和校园消费贷款等。其中,学生消费贷款平台发展最快。校园贷款是近年来P2P网贷平台发展最迅猛的产品类别之一。

5.1.1 校园贷的种类

(1) 专门针对大学生的分期购物平台,如趣分期、任分期等,部分还提供较低额度的现金提现;
(2) P2P贷款平台,用于大学生助学和创业,如投投贷、名校贷等;
(3) 阿里、京东、淘宝等传统电商平台提供的信贷服务。

5.1.2 校园贷的危害

对校园贷的主体大学生而言,收入能力与消费水平不匹配。校园信贷已经演变成"拆了东墙补西墙",借贷者越欠越多,导致无力偿还,催生了裸贷、高利贷、暴力催收等校园信贷市场乱象。借贷的大学生崩溃自杀等惨剧时有发生。

校园消费贷款平台的风控措施差别较大,个别平台存在学生身份被冒用的风险。此外,部分为学生提供现金借款的平台难以控制借款流向,可能导致缺乏自制力的学生过度消费。

随着学生网贷的平台增多,仅靠降低贷款利率和提高贷款额度博眼球,只会使越来越多的学生借款人掉入分期陷阱,抹黑自己的信誉,使平台盈利能力下降,造成损失。

自 2015 年 9 月以来,"趣分期""爱学贷""借贷宝"等网络借贷平台在全国高校校园内蔓延扩散,各平台以"借钱不怕坑,还款不用愁""零门槛,无抵押"等虚假口号诱骗在校大学生透支信用、盲目消费。有的学生为赚取利息差价,将学费或通过借贷的大额现金投入网络借贷平台中;有的学生甚至充当宣传员,误导更多的同学陷入网络借贷、透支消费,导致数名同学或因网站突然关闭血本无归,或因收不回贷款欠下巨额债务而被迫辍学躲债,家人只得卖房偿债的严重后果。

5.1.3 校园贷的特点

1. 服务费、利息过高

就读于四川大学锦城学院的周同学在某校园借贷网上分期购买了一部手机。回家后,周同学一算账发觉不对劲:自己分 18 期,每期 491 元,共要还 8 838 元,比手机价格 5 888 元足足多出近 3 000 元。他登录该网查阅了电子版的四方协议才知道,原来该网用他的信息在一家第三方金融机构办理了一笔贷款,而之前他所签的协议相当于借贷合同,贷款本金为 7 860 元——手机价格变成了 6 288 元,剩下 1 572 元是服务费。

2. 涉嫌欺诈、合同收回

陈同学在某校园借贷网分期购买了一部 iPhone6,当时代理跟他说手机是 4 000 多元,加上利息也就五六千,另收一两百元服务费。后来陈同学发现,其实自己需要偿还总费用超过 7 000 元,其中手机 5 288 元,服务费 1 745 元,与代理所说的金额相差甚远。

3. 以服务费为名的"高利贷"

在不同平台购买手机的分期成本可相差 5 倍,以 iPhone6 plus 16G 金色版分 12 期为例,众平台利率最高和最低分别为 35.96% 和 7.74%。与大众熟知的电商分期相比,网络分期平台利率普遍较高。近四成平台借贷资金来源于 P2P 债权转让,平台运营过程中产生的所有成本和预期利润最后都会落到分期消费者身上。

5.1.4 校园借贷安全应对

1. 辨别网络借贷平台是否靠谱

首先要了解这个网络借贷平台创始人及高管背景,在网站上找不到 CEO/CRO(首席风险官)个人信息的平台,都要引起高度警惕。

其次要看投资界对这个平台的认可度,有独立职业风险投资人(VC)投资的平台一般来说经营风险更低。

再次关注利率的合理性。金融行业的ROE（净资产回报率）最高在20%左右，这个临界利率传导到理财人那里，就是大约15%的收益率，因此平台过高的利率会带来极大的风险。

最后要知道平台担保及安全措施。在中国，如果担保公司有五大评级机构给出的AA到AA+评级，这个网络平台就比较值得信赖。

2. 校园网络平台借贷需谨慎

首先，要确定自己是否真的需要借贷，借款金额大小、期限和用途，筛选最对路的平台。利率要尽可能的低，利息太高不划算。

其次，要看清学历的限制。有的借款平台不支持专科三年级、本科四年级这样的情况，应换其他平台。尽可能选择信誉度高、安全靠谱的平台。

最后，借贷后要及时还款，尽量别逾期。逾期会降低信用，有的平台会直接把这个逾期上传给央行征信中心或者第三方的征信机构，对以后升学、找工作、办信用卡、房贷、车贷等都会有影响。

3. 银行校园贷产品更可靠

银行校园贷产品是一种正规、安全、公平、有正能量的消费金融服务。例如中国建设银行2016年推出的"金蜜蜂校园快贷"、招商银行的Young信用卡（校园版）和广发银行推出的大学生专享信用卡"摆范儿卡"，等等。

4. 自身的借贷观念要正确

正确的金融消费习惯的培养也是至关重要的，要学会"精打细算"，切不可盲目攀比、过度消费、随意借贷。

【友情提示】 使用校园贷网络平台注意事项

费率	费率是分期的成本，很多分期平台都不能直观地了解其产品分期费率，往往只宣传分期产品或小额贷款的低门槛、零首付、零利息等好处，却弱化其高利息、高违约金、高服务费的分期成本
贷款风险	很多平台自身资金有限，需要在第三方金融机构贷款，并在借贷合同中加重消费者义务和责任，设定很高的违约金、逾期利息等，却不做出特别的解释和说明，在校生往往被诱导，在不知情的情况下签订合同

隐形担保	分期平台并非真的"免担保",在申请过程中提供的家庭住址、父母电话、辅导员联系方式等信息,实际上就是隐性担保,如不能按期还款,某些平台就会采取恐吓、骚扰等方式暴力催收
套现欺诈	分期市场经常出现"身份借用""做兼职代购"等套现欺诈现象,学生莫名其妙"被贷款"欠下巨债,因此要谨慎使用个人身份信息,尤其不要替陌生人担保,避免承担不必要的法律责任
高额度诱惑	如果看到类似"只要本科生学历即可办理贷款,最低5万起"的广告,千万不要相信,因为在校学生无法纯信用贷款5万元,某些平台中介利用目前网贷征信系统的漏洞,诱导学生在多家不同的平台重复借款,造成巨大的还款负担和坏账风险
商品缺乏保障	有些平台对线下供货商家的准入条件、经营资质把关不严,商品质量没有保障,容易买到水货假货。要到正规金融机构购买分期产品或服务

【拓展阅读】校园贷款需谨慎,借钱之前有四问

【一问借款人】借款之前,大学生应该问问自己,这笔钱是谁要借,借给谁。这个看似简单可笑的问题实则与个人信息安全紧密相关。不少大学生受骗,就是因为个人信息防范意识薄弱,想当然地把个人的身份证、学生证甚至视频信息透露给所谓"学长""学姐"甚至是"辅导员"等熟人,造成无辜负债甚至被卷入诈骗体系内。借款之前多问一句"借给谁",拒绝以个人身份名义贷款给其他人,警惕"熟人"诈骗。

【二问借款用途】借款人确定是本人之后,要再三考虑借款用途。借款用于微创业、教育投资、适度超前消费等正当行为,可以帮助大学生解决一时的资金困难,体验精彩人生,勇敢追逐梦想,是校园贷平台鼓励的借款用途;而一旦用于过度消费的陷阱,势必导致窟窿越补越大,最终难以承受,酿成无法预估的惨剧。

【三问借款平台】校园贷市场正处于发展早期,各种平台迅速崛起,随之而来的,是平台之间跑马圈地带来的恶意竞争,各大平台信誉参差不齐、规模大小不一、福利力度不等,给大学生在平台的选择上带来了困难。大学生借款意向确定之后一定要擦亮眼睛，要留意合同的规范性以及详细条款，对公章等信息需要再三确认比对以及仔细听取审核流程中客服人员的提示，另外，要警惕和防范打着"中介"或者"代理"名义号称可以提早放款、提额或者减免利息的人员，选择信誉度良好、操作流程规范、审核机制健全的大平台，切莫一味贪图福利诱惑而最终身陷骗局。

【四问借款金额】大学生年轻气盛，做事容易冲动，借款之前一时兴奋往往会多借，而忽略了自己的偿还能力。借款时要考量自己的偿还能力，合理选择借款金额，注意规避逾期风险，按时还款，培养自己的信用意识，否则名誉钱财双双受损，得不偿失；考虑还款能力的同时，也要做好特殊情况下逾期的应对准备，一旦逾期造成还款压力，应该正面对待，积极应对，通过勤工俭学或兼职等形式努力还款，不逃避、不推卸责任，给自己树立一个良好的信用形象。

5.2　校园信用卡

【案例导读】

透支消费是当下流行的一种消费方式。适度消费是鼓励的，但过度透支则不可取，经催收仍不还款则属于恶意透支，要受到法律的制裁。近日，蕉岭法院审理了一起信用卡恶意透支案件，对被告人黄某判处有期徒刑7个月，缓刑1年，并处罚金人民币2万元。

5.2.1　校园信用卡及其用途

信用卡是一种非现金交易付款的方式，是简单的信贷服务。持卡人持信用卡消费时无须支付现金，待结账日时再行还款。信用卡是商业银行向个人和单位发行的，凭此向特约单位购物、消费和向银行存取现金，具有消费信用的特制载体卡片，其形式是一张正面印有发卡银行名称、有效期、号码、持卡人姓名等内容，背面有磁条、签名条的卡片。

校园信用卡是银行专门针对在校大学生发行的信用卡，具有免费异地汇款、先消费后还款、分期付款购物等金融功能，是莘莘学子开启信用生活、熟悉金融理财的好帮手。

校园信用卡的用途是：

（1）方便资金周转：大学生消费需求比较多，除了日常消费开支外，有时候甚至还需要租房、旅游等，有一张信用卡，可以解决一时的资金需求；

（2）累积个人信用：使用信用卡可以累积个人信用记录，摆脱信用"白户"身份，对于之后申请房贷、车贷等贷款有好处；

（3）信用卡可作为信用凭证：可作为租车、签证（部分国家或地区）、芝麻分数等信用凭证；

（4）享受优惠：银行为了鼓励持卡人刷卡消费，经常推出一些优惠活动，刷卡消费可以享优惠，达到省钱的目的，还能累积信用卡积分，兑换实物礼品或者刷卡金、航空里程等；

（5）有助于日常理财：信用卡刷卡消费有消费记录、有账单证明，可以帮助持卡人作为日常理财的工具。

5.2.2 信用卡用卡攻略

1. 控制信用卡数量，适可而止

信用卡一旦数量太多就容易发生搞错这张卡的还款日期、不记得那张卡的信用额度等问题，难以管理，容易造成逾期还款，留下不良记录。而且，多卡刷卡积分，积分过于分散也不利于兑换礼品。因此建议只要1~2张信用卡就足够了。

2. 保留刷卡凭证

大多数持卡人不在乎单据，也不会保留，大多随手丢弃，这是十分不好的习惯。一方面，保留刷卡凭证便于每月总结消费情况，进而分析并优化消费习惯，有助于提高刷卡消费的合理性和透明度，做到明明白白刷卡。另一方面，很多人的信用卡不设置密码，随意丢弃刷卡凭证可能导致信用卡被盗。

出于安全考虑，刷卡消费过后最好还是保留刷卡凭证，让自己心中有数，养成良好的信用卡理财习惯。

3. 减少提现

信用卡具有透支和提现两种功能，但提现需要一定比例的手续费，并且即使把自己的钱存入其中也要收费。所以用信用卡提现和把它当存折都是不划算的。

4. 选对信用卡

信用卡的选择非常重要，如今很多商业机构和银行都有捆绑合作业务，比如可以办一张百货公司和对应银行的联名信用卡，就能作为会员在这里消费积分，获得折扣；或者有些卡可以在指定商户打折，包括用餐、电影、拖车服务等，名目五花八门，可以根据自己的需求自由选择。信用卡要善用，也要善选。

5. 在刷卡消费最高限额内，尽可能刷卡

每张信用卡都有额度，在这个最高限额内刷卡，你是安全的。那么，在这个可控的范围内，请尽可能多刷卡。因为信用卡相当于你买东西时，有银行给你先付款，那何乐而不为？到还款日准时还给银行就可以。一方面能更便捷消费，另一方面还能累积信用，银行也能从你的刷卡额中向商家收取手续费，可谓双赢。

6. 到还款日才还款

利用最后还款日多赚些利息，毕竟钱放在自己的账户里，产生的利息也是自己的，所以要充分利用钱在自己手中的机会让它生出更多钱，此外，如果还款日那天，因为一些特殊原因无法还款，那请打电话给银行的信用卡客服热线，说明一下情况，要求延迟还款1至2天，一般这种情况都会被允许。

【拓展阅读】

关于信用卡的那点事

1. 信用卡主要特点

①信用卡是当今发展最快的一项金融业务之一，它是一种可在一定范围内替代传统现金流通的电子货币；

②信用卡同时具有支付和信贷两种功能。持卡人可用其购买商品或享受服务，还可通过使用信用卡从发卡机构获得一定的贷款；

③信用卡是集金融业务与电脑技术于一体的高科技产物；

④信用卡能减少现金货币的使用；

⑤信用卡能提供结算服务，方便购物消费，增强安全感；

⑥信用卡能简化收款手续，节约社会劳动力；

⑦信用卡能促进商品销售，刺激社会需求。

信用卡安全问题

信用卡：不法分子或犯罪集团以假卡或废卡（过期、遗失作废、磁条损毁等）冒充正卡消费，直接蒙骗商家甚至发卡机构。

持卡人：卡片保管不善/处理不当（过期/磁条失效的信用卡未进行销毁，或遗失未立即作废等），以及个人身份信息无意之间遭窃取或骗取。为避免此

类问题发生，公民不要轻易对外提供个人身份信息，最好也不要委托别人代办信用卡。

消费商家：服务人员于持卡人消费过程中超刷，或窃取其信用卡资讯至其他商家消费。这种情况无论是实体商家还是网络虚拟商家，皆有可能发生。

发卡机构：电脑系统遭恶意入侵，窃取客户基本交易资讯。亦有机构内部从业人员监守自盗等。

交易系统与机制：只要是人类所制作的或经手的，就免不了人为的错误与疏失；再严谨的交易机制，配合从确认到结算的世界级交易系统，仍然有被入侵的可能，而且所谓的"入侵"其实也具有等级层次上的差别。

信用卡的另一种安全问题：含有不环保成分。绝大部分信用卡含聚氯乙烯（PVC胶），而聚氯乙烯会对危害生物健康和污染环境，聚氯乙烯会释放出、渗出有害添加物。焚化聚氯乙烯也会产生致癌的二噁英。

5.3 打工与兼职安全须知

【案例导读】

案例一：

辽宁大学市场营销专业刘同学在2017年寒假时，通过一家中介公司（交了60元的中介费）找到一家公司应聘，该公司先对其进行各种体检（收取了110元的体检费），之后却以刘同学身体欠佳拒绝了他。最后该同学找中介公司理论，公司工作人员回答说：是否应聘得上是你自己的事情，我们这儿只收取中介费、负责职介，其他的事情不管。刘同学花了170元，工作却无音信。

案例二：

一位大三女生说："因为没有签订兼职协议，我就被一家公司忽悠过！""五一"期间，她和同寝室另3名女生一起做兼职。没想到，什么手续不要就上岗了。4名女生走上街头做美容产品促销，老板承诺：每天干10个小时，工资60元。干了6天后，公司不但一分钱没给，还指责她们弄丢了产品，需要赔200元。

大学生在校期间如果能够外出兼职或者打工，不仅能够挣到钱，减少家里的经济压力，给自己带来成就感，还能够尽早地接触社会，增加经验，为以后工作

做准备，同时大部分用人单位都要有工作经验的大学生，所以兼职经历很宝贵。通过打工兼职，也可以把书本上的理论知识用于实践，发掘自己潜能，发现自己真正适合做什么，明确今后就业方向。因此，大学生打工兼职好处多多，但在兼职打工过程中，要注意人身及财产的安全。

5.3.1 学生兼职的安全问题现状

（一）存在矛盾心态

对于很多学生来讲，或多或少地有着兼职的愿望，多数也有过一些兼职的经历。不可否认的是，学生兼职的利弊依然众说纷纭，兼职市场也存在着诸多弊病，兼职所带来的影响更是难以用简单的"好""坏"来概括。所以这也造成了很多学生对兼职的态度的既"爱"又"恨"。

（二）兼职种类和途径过于单调

学生兼职途径主要包括海报或广告、中介机构、网站、朋友介绍，等等。学生的兼职类型也主要集中在家教，其余包括促销、导游、礼仪、传单派发、餐饮服务等。

（三）对兼职环境认知不明确并存在法律意识不强的现象

尽管兼职为大学生缓解了部分经济困难，但是社会经验的不足导致了学生们安全与风险意识的淡薄。

5.3.2 如何防范兼职打工期间的安全

（1）防范中介的诈骗。
（2）必须签订劳动合同。
（3）防止网络欺诈。
（4）不轻易缴纳任何押金或抵押任何证件。
（5）防止陷入传销陷阱。
（6）不到高危岗位或专业技术要求极强的岗位兼职。

5.3.3 求职安全防范

1. 慎签劳动用工合同与就业协议

根据《劳动法》及民事法律规定，用人单位和劳动者挂靠的单位有义务给劳动者办理其在职期间的社会保险，用人单位单方面解除劳动合同的还应当按其工作年限办理保险、支付相应的补偿金。因此，在就业时应与用人单位签订就业协议与劳动合同，以明确劳动合同的责任承担主体，明确双方的权利义务、合同期限等。这样既有利于预防劳动纠纷的出现，也便于出现劳动纠纷时有章可循。

从劳动法律的角度看，签订劳动合同是学生走向社会的第一关。对于缺乏社会经验的青年学生而言，签订劳动合同时要注意以下几点：

（1）必须签订劳动合同。
（2）充分了解用人单位的规章制度。
（3）就业协议应该与劳动合同内容一致。
（4）注意劳动合同的条款内容。

2. 不抵押任何证件、不缴纳任何押金

应聘者一般求职心切，看好某个岗位后，对招聘单位提出的不符合法规的要求也不问是非地接受，结果可能造成不必要的损失。在应聘时，应特别注意掌握劳动法规和相关政策，不应该向招聘单位缴纳保证金、押金等任何费用，也不应将身份证、毕业证、学位证等证件原件抵押给招聘单位。

3. 谨防试用期上当

根据《劳动法》等法律法规的规定，试用期只有在正式合同中才能约定，即如果没有订立正式合同就不存在单独的"试用合同"。例如：《××市劳动合同条例》对试用期的长短也有明确规定，即"劳动合同期限不满6个月的，不设试用期；劳动合同期限满6个月不满1年的，试用期最长不得超过1个月；劳动合同期限满1年不满3年的，试用期最长不得超过2个月；劳动合同期限满3年的，试用期最长不得超过6个月"。

4. 警惕不法中介

一些不法分子利用学生求职心切的心理，以"职业中介"的幌子及招聘的名义实施各种诈骗活动，例如：打着职业中介的幌子，利用报刊和互联网发布广告，在应聘者缴纳服装、体检、培训等费用后不为其安排工作；"中介公司"与用工单位相互勾结，在收取求职者相关费用后，用工单位以种种理由称应聘者不合格，不能录用，设置一些应聘者难以接受的苛刻条件，让应聘者主动放弃应聘；在人员流动量大的地段租赁临时办公地点进行诈骗。不法分子以丰厚的待遇条件为诱饵，大张旗鼓地进行招聘，在收取一定的服务费后宣称招聘职位已满，承诺尽快联系合适的单位，让应聘者留下联系方式，随后携款逃匿。

【友情提示】 求职打工慎签的劳动合同

（1）口头合同。一般是由熟人牵线介绍工作，只是口头承诺，一旦发生利益纠纷因无字据为证，打工者利益易受损。

（2）卖身合同。如几年内不得跳槽、员工一切行为都得听用人单位的。

（3）一边倒合同。即合同内容偏向用工者，不利于打工者，当打工者出现利益受侵害时，往往有苦难言，有理难辩。

（4）简单合同。如内容过于简单，含义不清，缺少必要的细节约束。

（5）双面合同。就是有的用人单位准备了至少两份合同，一份是假合同，内容按照有关部门的要求签订，以对外应付检查，但在劳动过程中并不实际执行，真正执行的可能是另一份对务工者不利的合同。

（6）抵押合同。即打工者把一些证件、财产抵押给用工者，并在合同中写明。结果，打工者利益不保时，难以及时脱身。

（7）暗箱合同。这种合同多为格式合同，根本不与劳动者协商和讲明合同内容。

【训练与提高】

1. 想一想能不能使用校园贷？为什么？
2. 校园贷和校园信用卡的共同特点是什么？
3. 使用校园信用卡应该注意哪些问题？
4. 什么是实习实践及打工兼职的安全问题？打工兼职期间最应注意的安全问题有哪些？

第6章 实习实验与保险

【案例导读】

案例一：

20××年9月20日，某厂区内，一根长七八米、约一吨重的钢材缓缓上升，突然，钢材倾斜坠落，在工厂实习的大三学生H还未反应过来，钢材就压在了其腹部和腿上……医院诊断H双腿小腿粉碎性骨折、腹部严重被挤压，住院两个月，花了近10万元。H父认为，学校是强制孩子去该企业实习的，应承担主要赔偿责任，因此向校方提出了80万元的赔偿。校方称，依据学校与企业所签的合同和《劳动法》规定，应当由企业对H受伤承担全部的赔付责任，校方愿意出于人道主义给予一定的补偿。

案例二：

20××年4月的一天，某校实验室学生正在做有机化学实验，当进行到用浓硝酸和浓硫酸混酸进行硝化实验时，一个女生在操作时加料顺序错了，瞬间反应剧烈，反应物冲开瓶塞像子弹一样冲到了天花板上，女孩漂亮的脸上也溅到了混酸，所幸的是，她做实验时戴了近视眼镜。事发当时由于得到老师的及时处理，迅速用清水长时间冲洗脸部，随后送她上了医院，才避免造成严重伤害。

实习是学生运用课堂所学的理论知识、增加工作经验的必要途径。学校的实验室是培养学生具有初步的科学实验能力、生产实验技能和开展科技活动的场所。在实习及实验中，要做到既有利于教学，又能保障师生的安全，应该建立健全各种管理制度、安全防范制度。

6.1 实习实验事故的应急处理

6.1.1 实习实验中的安全常识

1. 实习中的安全常识

学生专业实习是在学校的组织和指导下，根据专业特点，在相关行业开展实践锻炼以获得实践知识和技能，形成独立工作能力和良好职业道德的专业实践过程与实践性教学过程。学生离开学校走上实习岗位，由于环境的变化，加上本身缺乏足够的工作经验和风险防范意识，很容易受到人身损害。因此，让学生在实习前掌握基本的安全常识，加强对他们的安全教育与培训、提高安全防范意识、规范实习行为、规避实习风险、保证实习安全就显得非常重要。

根据某调查机构发布的《××年实习安全调查报告》显示，学生在实习过程中普遍存在警惕性不高、工作盲目的缺点。调查结果显示：46%的学生自述有上当的经历，27%的学生实习时没有签订实习协议，无故辞退、被迫加班和克扣工资被列实习学生权益受损现象前三位，90%以上的大学生在明知权益受损情况下选择"忍气吞声"。对此，提出以下建议：

（1）签订实习协议，特别是签订三方协议很有必要。学生实习前应与学校、实习单位签订书面协议，明确责任、权利和义务，这不仅是保护学生的合法权益，而且也是保护企业的合法权益。学生实习前应征求家长意见并得到同意。

（2）选择实习机会时应该把安全问题置于首要考虑因素。申请实习和面试时应对企业有个全面了解，避免高危工作，不轻易缴纳任何押金和保证金，不要抵押自己的证件。

（3）在实习中要严格遵守实习纪律，应注意工作安全。在实习前接受安全教育，认真学习安全法规及有关规章制度，提高遵纪守法意识和自我防范能力；要在专人指导下学习并掌握有关的安全操作知识和技能，严格按照操作规程操作，不违章作业。

（4）提前了解实习目的地的详细情况，每到一个实习地，要先了解当地的治安情况及风俗习惯，并针对可能发生的问题采取切实可行的措施。

（5）实习班或实习团队进行编组时，要注意男、女学生混合编组。

（6）准确了解厂矿、企业内特殊危险工区、地点及物品，避免发生意外事故。

（7）在野外实习时，要指定专人负责安全工作，防止有人走散迷路、防止被有毒动物咬伤或有毒植物刺伤、防止发生人身伤亡事故。禁止一人单独进行野外实习。

(8) 注意防火、防盗、防毒、防工伤事故。

2. 实验中的安全常识

(1) 电。违章用电常常可能造成人身伤亡、火灾、损坏仪器设备等严重事故。实验室使用电器较多，特别要注意安全用电。

1) 实验室用电安全。

连线：仪器连线必须使用带有接地的三根线的护套线，不可使用普通的塑料绞线。

检查：如遇线路老化或损坏应及时更换。

触电：断电或绝缘脱离急救。

2) 防止触电。

①不用潮湿的手接触电器。

②电源裸露部分应有绝缘装置（例如电线接头处应裹上绝缘胶布）。

③所有电器的金属外壳都应保护接地。

④实验时，应先连接好电路后才接通电源。实验结束时，先切断电源再拆线路。

⑤修理或安装电器时，应先切断电源。

⑥使用高压电源应有专门的防护措施，不能用试电笔去试高压电。

⑦如有人触电，应迅速切断电源，然后进行抢救。

⑧防止短路。线路中各接点应牢固，电路元件两端接头不要互相接触，以防短路。电线、电器不要被水淋湿或浸在导电液体中，例如，实验室加热用的灯泡接口不要浸在水中。

(2) 水。

上水：水龙头或水管漏水时，应及时修理。

下水：下水道排水不畅时，应及时疏通。

冷却水：输水管必须使用橡胶管，不得使用乳胶管；上水管与水龙头的连接处及上水管、下水管与仪器或冷凝管的连接处必须用管箍夹紧；下水管必须插入水池的下水管中。

(3) 气体。

搬运：搬运或转动钢瓶时，不得用手执着开关阀移动。

使用：按气瓶的类别选用减压器，安装时螺扣应拧紧，并检漏。

开启钢瓶：逆时针方向为开；先开总阀，后开减压阀。

关闭钢瓶：顺时针方向为关，先关总阀，后关减压阀。

气嘴保护：用死扳手夹紧气嘴后再开总阀。

安全：气瓶内的气体不可用尽。惰性气体应剩余 0.05MPa 以上压力的气体。可燃气体应剩余 0.2MPa 以上压力的气体。氢气应剩余 2.0MPa 以上压力的气体。

存放：分类分处保管；直立放置时要稳妥；气瓶要远离热源；避免曝晒和强烈震动。

（4）火情预防及处理。

1）火灾预防。

①使用的保险丝要与实验室允许的用电量相符。

②电线的安全通电量应大于用电功率。

③室内若有氢气、煤气等易燃易爆气体，应避免产生电火花。继电器工作和开关电闸时，易产生电火花，要特别小心。电器接触点（如电插头）接触不良时，应及时修理或更换。

④如遇电线起火，立即切断电源，用沙或二氧化碳、四氯化碳灭火器灭火，禁止用水或泡沫灭火器等导电液体灭火。

⑤许多有机溶剂如乙醚、丙酮、乙醇、苯等非常容易燃烧，大量使用时室内不能有明火、电火花或静电放电。实验室内不可存放过多这类药品，用后还要及时回收处理，不可倒入下水道，以免聚集引起火灾。

⑥有些物质如磷、金属钠、钾、电石及金属氢化物等，在空气中易氧化自燃。还有一些金属如铁、锌、铝等粉末，比表面积大，也易在空气中氧化自燃。这些物质要隔绝空气保存，使用时要特别小心。

⑦消除防火隐患。常备逃生用具，如灭火器、绳、手电筒、防毒面具等。

2）火情处理。

实验室如果着火不要惊慌，应根据情况进行灭火，常用的灭火剂有：水、沙、二氧化碳灭火器、四氯化碳灭火器、泡沫灭火器和干粉灭火器等。可根据起火的原因选择使用，以下几种情况不能用水灭火：

①金属钠、钾、镁、铝粉、电石、过氧化钠着火，应用干沙灭火。

②比水轻的易燃液体，如汽油、苯、丙酮等着火，可用泡沫灭火器。

③有灼烧的金属或熔融物的地方着火，易燃固体、易燃气体、易燃液体和带电物体着火时应用干沙或干粉灭火器。

④电器设备或带电系统着火，可用二氧化碳灭火器或四氯化碳灭火器。

⑤导线或电器着火时，应先断电，并移开附近的易燃物质。三角瓶内溶剂着火可用石棉网或湿布盖熄。小火可用湿布或黄沙盖熄，火较大时应根据具体情况采用相应的灭火器材。

（5）化学事故的防范。

1）化学事故的预防。

①了解所使用的危险化学品的特性，不盲目操作，不违章使用。

②妥善保管身边的危险化学品，做到：标签完整，密封保存；避热、避光、远离火种等。

③居室内不要存放危险化学品。

④乘船、乘车不携带危险化学品。

⑤严防室内积聚高浓度易燃易爆气体。

2）化学事故的防护方法。

①呼吸防护：戴防毒面具、防毒口罩和捂湿毛巾等。

②皮肤防护：穿防毒衣、戴手套、穿雨衣、雨鞋等。

③眼睛防护：戴防毒眼镜、防护镜等。

④撤离：向上风或侧上风方向迅速撤离现场。

⑤洗消：对有毒的衣物及时进行洗涤消毒处理。

⑥医治：将中毒人员及时送到医院就治。

3）防止爆炸事故。

爆炸是实验、科研活动中最常见的事故之一，爆炸极易造成人身伤亡，因而它是一种十分严重的事故。

爆炸事故主要有以下三种类型：一是物理爆炸，如因内部压力过高使容器破裂而发生的爆炸；二是化学爆炸，如氧化剂与可燃剂接触或雷管、炸药一类化学物品在一定条件下发生的爆炸；三是物理化学爆炸，如在实验中，因技术条件控制不好，容器中物料膨胀加速或温度上升，导致压力过大、超过容器强度极限而发生的爆炸。

防止爆炸伤害，必须做到以下几点：

①在思想上对于爆炸事故的性质、危害应当有足够的了解，从而引起高度的警觉。

②加强对化学物品的保管、使用和储存的管理，做好实施设备特别是压力容器的定期检验。

③参加实验时，必须严格遵守操作规程和操作步骤，在教师或实验人员的指导下顺利完成实验。

④在与爆炸物品接触时，要做到"七防"：防止可燃气体粉尘与空气混合，防止明火，防止摩擦和撞击，防止电火花，防止静电放电，防止雷击，防止化学反应。

⑤使用可燃性气体时，要防止气体逸出，室内通风要良好。

⑥操作大量可燃性气体时，严禁同时使用明火，还要防止发生电火花及其他撞击火花。

⑦有些药品如叠氮钠、乙炔银、乙炔铜、高氯酸盐、过氧化物等受震和受热都易引起爆炸，使用要特别小心。

⑧严禁将强氧化剂和强还原剂放在一起。

⑨久藏的乙醚使用前应除去其中可能产生的过氧化物。

⑩进行容易引起爆炸的实验，应有防爆措施。

（6）仪器使用及废弃物处理。

1）仪器使用。

①仪器使用者必须认真地阅读操作规程，经过培训方可上岗操作。

②必须严格地按照"仪器操作规程"进行操作。

③在使用仪器之前应进行预登记。

④完成样品测定后,应在该仪器的"使用维修登记本"上进行及时登记。

⑤在样品的测定过程中,应保持仪器、实验台面及实验室的整洁。

⑥需要在晚上及节假日使用仪器时,应事先征得仪器管理人员的同意,并办理实验室房门钥匙借用登记。钥匙用后应及时归还。

⑦遇到仪器发生故障,立即向管理人员报告,不得擅自处理。

⑧未按"仪器操作规程"进行操作而造成仪器故障或损坏,应由该操作人员及所在课题组负责修理,所产生的维修费用由使用人支付。

⑨按操作规程使用水、电。发现安全隐患应立即报告,及时处理。离开实验室时应检查仪器、水、电、门、窗是否关好,夏季应检查空调是否关闭。

不得擅自挪用与公用仪器相关的辅助设备和零、配件以及实验室内的一切公用设施。

2)废弃物处理。

实验室废弃物收集的一般办法:

①分类收集法:按废弃物的类别性质和状态不同,分门别类收集。

②按量收集法:根据实验过程中排出的废弃物的量的多少或浓度高低予以收集。

③相似归类收集法:性质或处理方式、方法等相似的废弃物应收集在一起。

④单独收集法:危险废弃物应予以单独收集处理。

6.1.2 实习实验事故的应急处理

一、实习事故应急处理

实习过程中必须按照学校的规章制度要求去做,一般是能够保证安全的,但也时常会有意外的事故发生。这个时候就要沉着冷静,具体问题具体处理,以便减少损伤,及时得到救治。

学生在实习时发生意外伤害或事故时,无论大小均应立刻报告任课教师及时处理。意外伤害或事故发生时,以救人为最优先原则,立刻通知学校医护人员或医院救护人员到场协助并拨打120求援。

二、实验事故应急处理

1. 触电

触电的抢救措施包括:

(1)尽快脱离电源,切断电源开关。

(2)将触电者移至室外通风处,平卧,松解衣带,保持呼吸通畅。

（3）对呼吸停止者进行人工呼吸，有条件者可用气管内插管、氧气袋或氧气发生器等进行施救，或进行加压氧气人工呼吸。

（4）如触电者昏迷、休克可行针刺，重刺激人中、中冲。

（5）局部伤应妥善消毒，包扎处理。

（6）在抢救的同时，应立即以最快速度通知医院来急救车或将病人迅速送往医院。

2. 烧伤、烫伤

烧伤、烫伤的急救主要包括降温及保护患处。如果烧伤后皮肤尚完整，应尽快使局部降温，如将其置于水龙头下冲洗。

如果患者烧伤烧伤、烫伤处已经起了水泡，应该保护局部或降温。用干净的水冲洗患处时，注意不要刺破或擦破水泡以防感染。若伤处肿胀，应去掉饰物，连续用冷水冲洗伤处。

3. 眼睛化学伤

眼睛化学伤由化学物品的溶液或气体接触眼部所致。

（1）生石灰进入眼睛，一不能用手揉眼睛；二不能直接用水冲洗，因为生石灰遇水会生成碱性的熟石灰同时产生热量，处理不当反而会灼伤眼睛。此时应用棉签或干净手绢将生石灰粉拨出，然后再用3%的硼酸水或清水反复冲洗受伤的眼睛，至少要冲洗15分钟。

（2）液体类化学物质进入眼睛，应立即用大量清水彻底冲洗。有条件的，酸性烧伤用3%的小苏打水冲洗，碱性烧伤用3%的硼酸水冲洗，冲洗至少要达15分钟，之后要送去医院检查。

【安全小贴士】 常用化学物品灼伤的紧急处理方法

酸类（硫酸、硝酸、盐酸、甲酸、醋酸等）：立即用大量清水冲洗，再用2%苏打水洗涤、中和，最后用净水冲洗干净。

碱类（苛性钾、苛性钠、碳酸钾、碳酸钠、氨等）：先用大量清水冲洗，再用醋酸洗涤、中和，接着用净水冲洗，或3%硼酸溶液冷湿敷。

氰化物（氰化钠、钾及氢氰酸等）：水冲洗后用3%硼酸水湿敷，或1:4000高锰酸钾溶液冲洗。

磷：如有磷的微粒附着于皮肤，应将伤处浸入水中，用刷子清除微粒，然后用1%~2%硫酸铜溶液冲洗数分钟，再用2%小苏打冲洗，最后用生理盐水湿敷。

焦油、沥青：先用汽油或氯仿、松节油、二甲苯清除附着在皮肤上的焦油或沥青，然后涂上保护膏、羊毛脂或氧化锌软膏。

氧化钙（生石灰）：先用植物油清除皮面微料，再用2%醋酸溶液洗涤患部。

【你知道吗？】危险化学品的安全标签

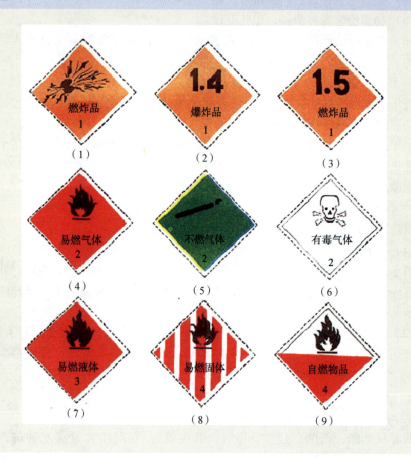

(1) 爆炸品 1
(2) 爆炸品 1.4
(3) 爆炸品 1.5
(4) 易燃气体 2
(5) 不燃气体 2
(6) 有毒气体 2
(7) 易燃液体 3
(8) 易燃固体 4
(9) 自燃物品 4

6.2　毕业实习与见习安全须知

【案例导读】

案例一：

20××年3月，某学校小N和一些同学被学校安排到D市某重工设备厂实习。车间干活时，一名工人不慎引燃了汽油盒，工人一下将汽油盒推了出去，没想到汽油盒正落在了小 N 的右大腿上，导致小 N 构成九级伤残，烧伤面积达全身的 8%。

案例二：

某学校的学生 L，按照学校与某保险公司签订的"订单式"人才培养协议，在二年级时来到保险公司实习。20××年 11 月某日，L 乘坐保险公司司机驾驶的车辆外出勘查事故。行驶至外环线迎水道时，司机因躲闪其他车辆而撞上了灯杆。此次事故造成 L 等三人受伤。

上述案例中的实习实践事故说明，学生在实习期间，由于各种原因，很容易造成不应该发生的伤害。如何做到既获得锻炼、提升综合素质，又安全地保护学生自己，这是值得广大学生思考的一个问题。

6.2.1 防范实习期间的风险

（一）实习期间发生事故的原因

(1) 学生专业能力欠缺引起的操作失误。
(2) 企业机械设备、建筑设施存在故障或安全隐患，安全管理存在漏洞。
(3) 学生心理或生活问题未能及时沟通解决。
(4) 学校或实习企业管理不善等。
(5) 学生安全意识的淡薄和企业安全管理的不足。

（二）如何防范实习期间的风险

(1) 预防职业危害。
(2) 慎重签署劳动用工合同。
(3) 努力提高专业素质。
(4) 注意实习期间的安全。

【友情提示】杜绝"三违"、做到"三不伤害"

1. 杜绝"三违"现象

(1) 违章指挥

法制观念淡薄，缺乏安全知识，思想上存有侥幸心理，明知不符合安全生产有关条件，仍指挥作业人员冒险作业。

(2) 违章作业

没有安全生产常识，不懂安全生产规章制度和操作规程，或者在知道基本安全知识的情况下，在作业过程中违反安全生产规章制度和操作规程，擅自作业，冒险蛮干。

(3) 违反纪律

上班时不了解劳动纪律，或者不遵守劳动纪律，违反劳动纪律进行冒险作业。

2. 做到"三不伤害"

不伤害自己、不伤害别人、不被别人伤害。

6.2.2 毕业实习风险预防与应对

毕业生们为了找到一份满意的工作，遍投简历，广搜信息，只要是符合自己意愿的招聘信息，就积极行动，绝不放过，但这就给不法分子造成了可乘之机。他们巧设名目，设置求职陷阱，给即将走向社会的大学生们蒙上难以抹去的阴影，造成极恶劣的社会影响。为此，在学校加强安全防护措施的同时，大学生自身也要增强安全自我防范意识。

6.2.2.1 毕业生求职的安全问题

1. 利用招聘，诱骗大学生踏入非法"传销"陷阱

案例：张某是某高校美术专业的毕业生。一天，张某接到朋友周某从广州打来的电话，希望他来公司工作。张某来到广州后，周某让他签订了一份合同书，让他交押金 3 000 元，并承诺如辞职离开公司，押金随时如数退还。张某认为周某与自己是朋友，又有合同和承诺，便拿出 3 000 元交了押金。当天下午，周某就带三人开始岗前"培训"。"培训"主要是讲怎样赚钱，怎样暴富和赚钱要不择手段以及"发展下线、金字塔"理论等。经过几天"培训""洗脑"后，公司让他"上班"，就是打电话、动员蒙骗认识的、想找工作的人来"工作"。大学生被非法传销组织所骗受困的原因主要有：第一，大学生自身防范意识薄弱，容易轻信他人上当受骗；第二，大学生对同学、朋友的介绍过于

信任，没想到熟人还会骗自己；第三，大学生就业压力过大，择业时放松了必要的警惕，轻信以用人单位身份出现的非法传销公司；第四，个别学生存在不劳而获的思想，被非法传销组织宣传的高额回报引诱，甘愿从事非法传销活动。

2. 收取保证金，诈骗大学毕业生

案例：韩某，大学毕业生，在人才交流市场，经过初步了解，与某家公司达成就业协议。但韩某了解到，进这家公司，每人要收取200元的服装保证金，用于制作工作服，离开公司的时候，200元可以原数退还。1个月后，韩某按照公司的约定来到公司的办公地点参加培训，但却发现，该公司和主管人员早已经人去楼空，才知自己上当受骗了。据了解，在这起诈骗案中，有150多名求职者上当受骗，其中大多数都是刚刚毕业的大学生。

在就业过程中，像以上类似的诈骗案很多，骗子往往打着招聘的幌子，要么收取"报名费"，要么收取"保证金""培训费"，很多大学生为了获得工作的机会，对于明知道是无理的要求，也不敢拒绝。骗子们往往就抓住了大学生的这种心理，开始行骗。

3. 盲目签约，不合理条款上当

案例：王某，大学毕业生，由于急于找到工作，没来得及仔细推敲合同里的条款，结果不但失去了这份工作还付了一笔违约金。据王某介绍，他与公司签合同时还未毕业，但公司要求其进入实习期。在4个月的实习期里他卖力地工作，却只能得到300多元的"实习工资"。实习结束后，他以为工作已经敲定，打算回学校修完剩下的一些课程，9月再回到公司正式上班。但当他向公司请假时，公司却以合同中"工作前两年不得连续请假一周以上"的条款为由，认定王某违约，索要违约金。王利只好交了2 000元的违约金。

在大学生择业的过程中，类似王某这种情况的事比较普遍，由于就业形势比较严峻，大学生在求职过程中往往处于弱势地位，很多用人单位都提出了一些明显的不合理条款，如违约金、服务期等。对于毕业生来讲，虽然知道这些附加条款是显失公平的，但也不敢明确表示异议。现实生活中，在职场上把"试用期"当成"剥削期"已经成为了一些无良老板逃避法定义务的惯用伎俩。

4. 就业难，女大学生求职安全危险增多

案例：女大学生王某，几天前到省会某地做家教时被杀害。由于过分地轻信他人，该同学在未经认真核实的情况下，只身去应聘家教，结果遇害。另一相关的案例是：女大学生吴某，根据广告找到一家俱乐部做高级商务公关，在交纳400元"制卡费"后，却发现工作是三陪。

近年来，女大学生在就业过程中遇到的不法侵害的事情层出不穷，这也给我们敲响了警钟，安全问题要时刻牢记，危险离我们并不遥远，就业机会有很多，但生命只有一次。

5. 利用求职者个人信息进行诈骗

案例：毛某，是大学毕业生的家长，日前在家中接到一个长途电话，称其在儿子在车祸中撞伤，正在医院抢救，急需手术费5万元。毛某闻讯立即拨打儿子手机却怎么也打不通，相信真的出事了。就在此时，一个自称是儿子学校领导的人又打来电话，证实确有其事，并留下一个账号。毛先生连忙筹集了5万元汇过去。几小时后，毛先生终于打通儿子电话，方知上当受骗。近期以来，套取并利用求职者信息进行诈骗的案件屡见不鲜。毕业生在求职过程中，往往要填写一些表格，其中涉及很多个人信息，尤其是网上求职，要求填写的内容更是事无巨细，从个人电话号码，到家长姓名、家庭住址、家庭电话、父母情况一应俱全。许多毕业生粗心大意，随意填写，结果给骗子留下了可乘之机。

6. 未签劳动合同，自身利益受损

案例：应届毕业生王某与某私企达成工作意向，双方当场签订了《全国普通高等学校毕业生就业协议书》（以下简称"就业协议书"）。1个月后，王某毕业，并顺利进入用人单位开始工作。但该企业始终不愿意与小王签订劳动合同，得到的答复是：双方在就业协议书中并没有明确要求何时签订劳动合同，更何况关于工资、劳动期限等条款在就业协议书中已有约定，双方没有必要为此再另行签订劳动合同。王某觉得双方确实没有约定什么时候签订劳动合同，而单位不签劳动合同似乎也有道理，就不再向单位提起此事。不料一日忽被裁员，公司一分钱赔偿金也没给。王某后悔莫及。

就业协议书与劳动合同存在着不同，就业协议书作为一份简单的格式文本，很多诸如工作岗位、工作条件等劳动合同必备条款并不在就业协议书中直接体现。因此，单凭就业协议书对于学生正式报到就业后的劳动权利无法全面保障。

6.2.2.2 毕业生求职风险预防与应对

1. 层层过滤，确保就业信息的真实性、准确性和可靠性

学校就业信息网上发布的就业信息，都经过了严格核实，包括核实用人单位的工商许可证、营业执照以及通过电话向当地有关部门核实等，基本上确保了就业信息的真实性、准确性、安全性。对于通过其他渠道获得的就业信息，一定要想方设法，通过各种途径进行核实。

2. 面试过程中，要时刻保持必要的警惕性

3. 求职后，要谨慎行事，学会用法律保护自己

在找到合适的工作单位，双方达成就业意向后，毕业生需要签订就业协议书。就业协议书的签订在形式上宣告了就业工作花开有果，尘埃落定。但近来，就业协议引发的纠纷屡有发生。有的毕业生正式到单位报到后，单位却一改初衷，擅自降低劳动报酬，变更原来双方约定的工作岗位，更有甚者以"试用期"（或见习期）为由不签订劳动合同，使得毕业生长期处于"试用期"，做最累的

工作、拿最低的报酬，从而利益受到侵害。所以，在签订就业协议以前，一定要反复斟酌，多方面考察，方可落笔。

面试小贴士：

1. 前往面试的第一天或职前训练的前几天，要留意该单位是否继续隐瞒工作性质及业务性质。

2. 面试地点偏僻、隐秘或是转换面试地点的状况，或是要求夜间面试者，皆应加倍小心。面谈地点不宜太隐秘，过于隐秘的地点不要去。对于用人单位约你面试的地点，如果不是学校就业指导中心发布的信息，而是从其他渠道获得的信息，用人单位约到宾馆或其他非公开、非正式场合见面，绝对不能贸然前往。

3. 面试时，要注意以下环节：一是应详记该单位及主试官的基本情况及特征；二是对方所提工作内容空泛不具体时，不要被夸大言辞所迷惑；三是身份证、毕业证书及印章等证件，不宜给对方；不可轻易出示银行账户号码及密码，以免不法之徒有机可乘；四是主试官说话轻浮、暧昧不清、眼神不正常等都是危险的前兆；五是如果有不安全、不对劲的感觉或不正常的状况，要以某种借口迅速离开该单位为宜；六是拒绝不合理的邀约及要求；七是在面试时尽量不要随便喝饮料或吃东西。

4. 进行面试的过程中，如果遇到用人单位要交保证金或其他培训费用（如报名费、训练费、材料费等）时，一定要慎重，千万不要为了保住工作而盲目交费。

5. 面试最好有同学陪同前往，并备有适当的防范器物。尤其是女性，要避免夜间到荒僻的地点面试。如果无法结伴而行，至少要将自己的行踪告知辅导员或同学，最好是让辅导员或同学知道面试的时间与地点。

6. 面试前后随时与辅导员、同学、家长保持联系，并告知面试场所地址及电话号码。

7. 要求提供亲友名单、身份证号码（复印件）均可能有诈财之患，要注意避免！在求职过程中，毕业生为了预防"陷阱"，要做到：一忌贪心，看到"高薪"字眼首先要掂量一下自己，然后再摸清对方的背景；二忌急心，急于找工作的心理让一些人找到了借机骗财的机会，这些人以各种名义收取应聘者的费用后，便人去楼空；三忌糊涂心，求职者要对自己的职业生涯发展脉络有个清楚的构想，只要仔细研究还是能识别招聘中的大多数欺骗的幌子。要时刻提醒自己，不缴不知用途的款，不购买自己不清楚的产品，不将证件及信用卡交给单位保管，不随便签署文件，不为薪资待遇不合理的公司工作。

面试后需认真核查的用人单位的信息要点包括：

①上网或通过其他途径查看，该单位（特别是企业单位、公司）登载的营业项目、报上刊登的项目、面试现场所见三者是否相符；②登录有关部门的网站查看，或与亲友交谈，看看该公司是否有不良声誉；③问问自己，面试的职务内容是否与自己找工作时的初衷相符，并且所获得的待遇是否合乎期待值；④当面试当天或初进该单位的数天内，求职者即需要付给该单位一笔钱者，要特别注意。

【训练与提高】

1. 实习上岗前你会认真学习岗位安全操作等规章制度吗？
2. 你熟悉危险化学品的安全标签吗？
3. 参加化学、生化实验应注意哪些事项？
4. 如何预防应对实习实验安全问题？

6.3 学生保险须知

【案例导读】

案例一：

20××年11月，某学校2007级学生H因感冒咳嗽、咳痰一个多月到医院进行治疗，经医生初步诊断为小细胞未分化癌或恶性淋巴瘤，后转北京、天津等地医院治疗，经××医院肿瘤医院确诊为淋巴瘤细胞白血病并进行了骨髓移植手术，前期共花费186 116.59元。该同学于20××年9月投保了人保健康学平险，次年6月向人保健康申请医疗费理赔。保险公司经审核，可理赔金额为8万元，三日内就将理赔款转入H的银行账户。38元小投入，得到的回报却高达8万元，这笔理赔款带给H及家人极大的帮助。

案例二：

某学校 L 学生购买了"农村合作医疗保险""中国人寿保险"的"学生平安保险"共 2 种保险。2010 年因意外摔伤手臂手术两次住院。5 月份第一次手术花费医疗费 6 316 元，获"农村合作医疗保险"理赔 1 327 元，获"中国人寿保险"公司"学生平安保险"理赔 2 492 元。9 月份第二次手术花费医疗费 7 400 元，获"农村合作医疗保险"理赔 3 797 元，"中国人寿保险"公司理赔 3 252 元。两次医疗费总计 13 716 元，两家保险公司两次理赔金额总计 10 868 元，理赔比例达 79%。

上述案例说明了购买保险对于学生的好处，如案例一中 H 花费 38 元的小投入，意外发生后得到高达 8 万元的保险赔偿；学生保险让贫困的学子得到必要的支持。

买保险主要是为了规避风险，即花少量的保险费，避免大的经济损失。买保险就是把自己的风险转移出去，而接受风险的机构就是保险公司。保险公司接受风险转移是因为可保风险还是有规律可循的。保险公司集中大量风险之后，运用概率论和大数法则等数学方法，去预测风险概率、保险损失概率。通过研究风险的偶然性去寻找其必然性，掌握风险发生、发展的规律，化偶然为必然，化不定为固定，为众多有危险顾虑的人提供了保险保障。转移风险并非灾害事故真正离开了投保人，而是保险人借助众人的财力，给遭灾受损的投保人补偿经济损失，为其排忧解难。

6.3.1 保险及保险特点

保险（insurance）是指投保人根据合同约定，向保险人支付保险费，保险人对于合同约定的可能发生的事故发生后所造成的财产损失承担赔偿保险金责任，或者当被保险人死亡、伤残、疾病或者达到合同约定的年龄、期限时承担给付保险金责任的商业保险行为。

1. 保险是一种合同法律关系

保险是根据法律规定或当事人双方约定，一方承担支付保险费的义务，换取另一方对其因意外事故或特定事件的出现所导致的损失负责经济补偿或给付的权利的法律关系。被保险人以缴纳保费获取保险合同规定范围内的赔偿，保险人则有收受保费的权利和提供赔偿的义务。

2. 保险合同对双方当事人均有约束力

保险不仅仅是有利于合同中的某一方，同为合同的受益人，被保险者必须在合同规定的条件发生时方可索赔，被保险者有及时缴纳保费的义务。而保险人则有收取保险费用、对索赔进行核实和提供赔偿的义务。

3. 保险合同中所约定的事故或事件是否发生必须是不确定的，即具有偶然性

事故的发生是带有偶然性的，保险中所规定的事故事件只能是无法预测的，而不能是我们已知或明确会发生的，这样才能保障保险公司的合法利益。

4. 保险人在保险事故发生后承担给付金钱或其他类似的补偿

保险人有责任履行合同中所规定的赔偿。

5. 保险应通过保险单的形式经营

保险单或保险合同是证明保险关系、责任和义务的唯一证据。

6.3.2 学生保险的必要性

风险伴随着人的一生，钱虽然不一定能挽救生命，但投保后在事故发生时至少有保险公司为你承担一部分责任，这对受害人及亲属至少是一种安慰。

当前学生保险意识较为薄弱，通过对校园内的随机抽样访问表明，当意外发生时，大部分学生首先想到的是向家庭求助，很少有人想到通过购买保险由保险公司来承担这部分费用。

6.3.3 学生投保意识的重要性

1. 从保险在社会生活中的地位看学生投保的重要性

保险是现代金融体系和社会保障体系的重要组成部分，具有经济补偿、资金融通和社会管理的功能，能够发挥"促进改革、保障经济、稳定社会、造福人民"的重要作用。

2. 从发达国家的经验看学生保险意识的重要性

在美国，学生保险意识较强，这与其从小培养和普及保险知识有关，政府专门为此成立了保险教育基金会、消费教育局，从事宣传推广保险的工作，并将保险知识纳入中小学的课程。而在韩国，政府推动普及国民保险意识的效果就更为显著。由此我们发现，一个国家的国民保险意识强弱，特别是学生的保险意识的强弱，对国民经济的持续发展有重大的影响作用。

3. 从提高学生保险意识的作用看学生投保的重要性

（1）提高学生保险意识是形成全民投保的基础。

学生的保险意识对于全民保险意识的形成具有示范作用，学生是社会群体的预备人员，提高学生保险意识是从源头上确保居民保险意识的整体提高。

（2）提高学生保险意识有利于保险业持续健康发展。

在校期间有"学平险"，外出旅游有"航空意外保险"，就业后又有"医疗保险"等。学生保险意识提高后，在以后的工作和生活中也会为自己和家人购买必要的保险，这对于保险事业的持续健康发展无疑是有利的。

学生购买保险的误区	我们学生应该如何做？
1. 认为校园发生事故的风险极小，不用购买。 2. 认为学校有义务为自己提供保障，无须自己购买保险。 3. 购买保险浪费钱，没必要。 4. 对保险内容不了解，不清楚。	1. 掌握保险的种类、特点和特征，熟悉保险、索赔知识。 2. 了解《中华人民共和国保险法》。 3. 根据需要，适当购买保险。 4. 知晓校园保险的作用，切实维护自身利益。

6.3.4 学生保险现状分析

1. 学生对学生医疗保险的认识现状

（1）不同层次的高校学生对学生医疗保险的了解普遍偏低。通过问卷调查，重点大学、普通高校、高职院校学生对学生医保的了解程度几乎相同，非常了解的人数为11%左右，一般了解的人不到30%，对学生医保的了解程度普遍偏低，如下表所示。

不同层次的高校学生对学生医疗保险的了解情况

高校类型	非常了解	一般了解	知道一点点	基本不理解
重点大学	12.7%	25.3%	42.7%	19.3%
普通高校	11.6%	24.6%	42.4%	21.4%
职业院校	11.4%	24.9%	41.6%	22.1%

（2）本科不同年级的学生随着年龄增长对保险认识程度逐渐增强，如下表所示。

职业院校不同年级学生对保险的认识程度统计情况

年级	非常了解	一般了解	知道一点点	基本不理解
中职（技校）	0.2%	11.2%	8.3%	80.3%
大一	6.7%	17.6%	11.4%	64.3%
大二	11.3%	23.8%	17.3%	47.6%
大三	13.5%	27.2%	21.6%	37.7%

你准备买保险吗?

学生甲虽然一直想买保险,但发现学校所保范围有限,她认为自己出意外的概率很低,没有买保险的必要。她还建议保险市场适当调整一下,对于轻微灾害也予以保障。

学生乙的态度十分激烈,他说:"现在有很多卖保险拉保单的,我不太相信他们。我不能确信当意外发生时我所买的保险能否给我提供保障。在我们这个社会里受骗上当的事情太多了,倘若我将用于投保的钱存于银行,当意外发生时,我还有一部分储蓄做保障。"

上述两种思想在学生中占有一定比例,我国的保险市场还不完善。一旦发生意外首先想到的是家庭、国家、学校等,很少有人会将自己视为社会一员,将自己的责任与社会联系起来。我们应该想到自己对自己负有责任,对社会负有责任。保险并非储蓄,是风险保障的概念。我们应掌握不同的保险工具,更好地保障自身利益。

【友情提示】 购买保险的注意事项

(1) 当有自称是保险业务员联系你时,你有权要求业务员出示其所在保险公司的有效工作证件及公司的相关资质。

(2) 你有权要求业务员依据保险条款如实讲解险种的有关内容。当你决定投保时,为确保自身权益,请认真阅读保险条款。

(3) 在填写保单时,你必须如实填写有关内容并亲笔签名;被保险人签名一栏应由你亲笔签署(少儿险除外)。

(4) 当你付款时,业务员必须当场开具保险费暂收收据,并在此收据上签署姓名和业务员代码;你也可要求业务员带你到保险公司付款。

(5) 投保一个月后,你如果未收到正式保险单,请向保险公司查询。收到正式保险单后,你应当场审核,如发现错漏之处,有权要求保险公司及时更正。

(6) 投保后一定期限内,你享有合同撤回请求权,具体情况视各公司规定。

(7) 如果你的通信地址发生变更,请及时通知保险公司,以确保你能享有持续的服务。

(8) 退保、减保可能给你带来一些经济损失,请在投保时予以关注和慎重考虑。

(9) 保险事故发生后,你可以参照保险条款的有关规定,及时与保险公司或业务员取得联系,申请赔偿。

（10）你在投保过程中有任何疑问或意见，可向保险公司的有关部门咨询、反映或向保险行业协会投诉。

6.4　学生保险的受理与索赔

【案例导读】

案例一：

某学校2008级学生Z某于××年6月2日起身体出现瘀斑、流鼻血症状，即前往医院检查，被确诊为急性淋巴细胞白血病，随即住院治疗，进行了3次化疗，医疗费就高达83 000元。Z某来自一个农村家庭，面对这笔高额的医疗费，他的父母一筹莫展。Z某想起开学初自己投保了人保健康的学平险，随即咨询了保险公司，在得到确认后Z某准备了相关材料向人保健康申请理赔。为了学生能及时进行后续治疗，保险公司理算后迅速把理赔款49 309.47元款汇入Z某的银行账户。这笔理赔款对Z某的后期继续治疗起了雪中送炭的作用。

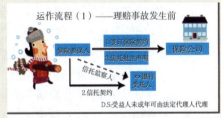

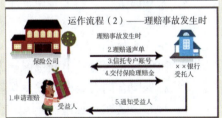

案例二：

据了解，甲流患者可分为轻症患者、重症患者和危重症患者三大类，治疗费用从几百元到几十万元不等。尽管国家解决了患者的部分费用，但对于家境拮据的危重症患者来说，那只是杯水车薪。积极应对流感疫情、做好流感患者的医疗保障工作，某保险公司积极面向社会发行了甲型H1N1流感保险卡，在甲流来袭之际为脆弱的生命尽一份心意，凡投保客户在保险期间开始15天后感染的，只要是在国家卫生行政机关指定的医院或国家正式卫生检疫机构治疗过程中所支付的合理医疗费用，保险公司都予以承担，保障金额为人民币2万元，价格仅为50元。同时，该产品还取消了以往医疗保险产品中医疗费用必须属于社保范围的限制，更大程度地为客户提供了风险保障。

6.4.1 保险受理流程

1. 报案

（1）及时报案：在条款规定的时限内及时报案。

（2）报案方式：上门报案、电话（传真）报案、业务员转达报案。

（3）报案内容：

①出险的时间、地点、原因；

②被保险人的现状；

③被保险人姓名、投保险种、保额、投保日期；

④联系电话、联系地址。

2. 案件受理

申请保险金应将以下文件准备齐全：

（1）保险合同；

（2）保险金给付申请书（受益人需要在申请书上签名）；

（3）被保险人发生意外伤害事故的证明文件；

（4）被保险人的门急诊病历和住院证明（包括出院小结和所有费用单据）；

（5）被保险人、受益人身份证明和户籍证明。

3. 案件立案条件

（1）保险事故确已发生；

（2）事故者是保险单上的被保险人或投保人；

（3）在保险合同有效期内发生保险事故；

（4）理赔申请在《保险法》规定的时效之内。

4. 案件调查

理赔调查是保险理赔作业中的一个组成部分，对于单证齐全、证明材料充分、保险责任明确的案件可以不调查；对于某些理赔案件来说，案件调查是必须经过的一个重要步骤。

5. 案件的审核

（1）保单状况的审核通过理赔电脑系统可以准确、及时地确认保单的有效性。

（2）被保险人和保障范围的审核：实行这一步骤是为了确定保险人的责任范围和公司应承担的责任，有利于保护公司免遭骗赔和错误理赔。

（3）索赔材料和事故性质的审核：对索赔材料有效性、合法性的认定有利于确定事故的性质和公司应承担的责任范围。

（4）确定损失并理算保险金：遵循保险条款，保护合同双方的利益。

（5）确定保险金给付受领人医疗费用和残废保险金给付按保险条款规定应支付给被保险人本人，公司不受理指定死亡保险金给付，必须根据保险合同约定和法律规定支付给正确的受领人。

6. 案件赔付

保险公司做出赔付决定后，通知受领人领取保险金，受益人在收到保险金后，在保险金的收条回执上签名后回复给保险公司。

6.4.2 学生意外伤害保险索赔需准备的材料

1. 学生自己准备的材料

（1）原始发票，如果在合作医疗报了账的，就准备复印件；

（2）复印件要合作医疗管理办盖章，并有盖章的合作医疗报账单或卡；

（3）学生证和身份证的复印件（未满18岁的学生需要家长身份证、户口证和学生户口证三者的复印件）；

（4）疾病诊断证明书；

（5）要盖有医院收费章费用总清单的复印件（不是日用清单）；

（6）病历复印件；

（7）银行存折复印件；

（8）填写保险申请单。

2. 学校准备的材料

（1）学生管理部门的证明；

（2）学生入保时的原始名册（复印件）；

（3）学生当年保险的保单（复印件）。

3. 注意事项

（1）保险公司理赔金直接打入银行的账号，不付现金；

（2）医疗保险入保后发生疾病住院凭医保证报账，意外伤害保险入保三个月后发生疾病才能理赔；

（3）意外理赔必须是自己摔伤，车祸、打架受到的伤害不理赔；

（4）见义勇为受到的伤害必须要有公安部门的证明。

【训练与提高】

(1) 你知道购买学生保险的益处吗?
(2) 你有无认真阅读过学生保险的条款?
(3) 你了解学生保险的受理与索赔所需的材料与程序吗?
(4) 你会购买保险吗?

第7章 学生心理健康与认识自我

【案例导读】

案例一：爱生闷气的女学生

有一位女学生在来信中写到：我是独生女，父母把我当成掌上明珠，我的家庭条件优越，我的成长也是一帆风顺。在别人看来我是十分幸福的，可是我的心情经常不舒畅。主要是我爱生闷气，不愉快的事情我常常憋在心里，弄得自己郁郁寡欢。我父母不知道如何对待我，我的同学和朋友在和我交往的时候也很小心，他们不愿意与我过分接近。我已经意识到这样不好，可是自己又觉得不好改变。有什么好办法能让我摆脱爱生闷气的坏习惯吗？

案例二：爱变脸的学生

有一位学生反映：我曾经以为我的情绪已经很成熟了。但是仍然有些事情使我感到苦恼，情绪总是不稳定。比如说，当和同学们在一起聊天时，我的情绪好时就兴高采烈。可是如果谁说了一句不中听的话，我的情绪就马上低沉下去，心里特别不痛快。可是仔细想一想，别人说的话没有什么很得罪我的地方。看电影、电视的时候，经常感动得热泪盈眶，有时候却很生气，恨不得把电视机砸了。和同学讨论问题的时候，往往因为激动而吵起嘴来，甚至动手打架，可是很快与同学又好得不得了。也正是因为这个原因，老师和同学们都不太喜欢我。可是看到有的同学整天不声不响，对什么事情都无动于衷，我都替他感到闷得慌。到底是我不正常呢还是别人不正常？能不能告诉我是怎么回事？

以上案例较好地反映了青年学生的情绪特点，即不稳定性——忽而激动万分，忽而沉默。其情绪的明显变化主要与生理有关，与青春期体内的激素分泌不规律有关，但是也与学生个人的修养有关。面对类似的不良情绪，同学们应该怎样来调节呢？

7.1 学生常见的心理问题

据中国疾病控制中心精神卫生中心公布的一项调查显示，我国青年学生中有16%～25.4%有心理障碍，主要以恐惧、焦虑、抑郁等情绪为主。资料表明，近年来，学生心理发病率呈直线上升趋势，不少学生在人格和心理方面都不太健全。学生因为心理问题而引起的极端事情越来越多，如因心理问题而自杀的事件在学校里已屡见不鲜，学生凶杀案件也越来越多。种种现象表明，当代青年学生的心理健康问题已经不容忽视。

世界卫生组织近年一再明确指出："健康不仅仅是没有躯体疾病，而是一种躯体、心理和社会功能均良好的状态。"健康是由心理健康和身体健康两方面组成的。

7.1.1 学生心理问题分析

14到22岁之间的学生，正处在由青春期向成熟期过渡的时期，他们生理上已经成熟，但心理上却没有成熟，很多学生的独立生活能力较差，难以适应校园的生活，出现各种各样的问题，比如失眠、焦虑、人际关系不良等。具体表现有以下几个方面：

1. 学习方面问题

大学的学习环境宽松，自由安排时间较多，部分同学一时松懈，出现逃课、沉迷网络等现象，平日没有认真学习，得过且过，等到考试的时候就开始紧张了，出现考试恐惧综合征等心理问题，甚至有些学生因为挂科而跳楼自杀。

2. 生活方面问题

学生在语言、信仰、习惯、饮食等各方面都存在差异。有些学生在家里娇生惯养，不懂人情世故，不能处理好同学间的关系，不能够和同学友好相处，于是脱离群体，出现焦虑、悲观、抑郁等心理问题。

3. 情感方面问题

青年学生正处在情感的萌芽阶段，这个时候，一方面，他们渴望爱情，感觉异性有很大的吸引力和神秘感，另一方面，他们又缺乏对爱情的认识，往往追求的是浪漫、刺激。他们对爱情有很高的期望，动不动就是海誓山盟、海枯石烂，一部分同学还与对方发生了性行为，相处长久之后，感情破裂时由于不能接受分手的现实，很多学生出现严重的心理危机，因情自杀已经成为青年学生自杀最主要的原因之一。

4. 家庭问题

这里包括两个方面，一个是家庭经济问题，另一个是家庭关系问题。家庭经济问题可以直接导致学生产生自卑、压抑等心理问题。家庭关系不良也是导致学生出现心理危机最重要的原因之一。现在的青年学生个性张扬，叛逆心理很强，很多学生不能理解父母的一些想法和要求，不能处理好与父母之间的关系，家庭关系紧张。

5. 身体疾病问题

当学生出现一些躯体疾病时，往往会导致不安和焦虑，尤其是当出现一些疑难杂症、生殖系统疾病、皮肤病等对自我形象、自尊、就业影响较大的疾病时，学生一般都无法正确地认识和对待，又不敢说出来，害怕老师和同学知道，心理负担极大。

6. 就业压力问题

在当今经济全球化、竞争白热化和人才市场供需关系巨大变化的情况下，就业无疑是现在的学生最担忧的问题。很多学生担心毕业找不到工作，由于忧虑出现厌学情绪，加重了他们的心理负担。

【友情提示】 如何正确处理好同学间的关系

（1）要有一个相对稳定的相对广泛的人际交流圈，也就是要有几个好朋友。
（2）人际交往中要独立思考，要保持一个独立完整的人格，不要人云亦云，不要盲从。

（3）在人际交往当中要注意宽以待人。也就是宽容别人、尊重别人。

（4）人际交往要积极主动，大家都是同学，关系单纯所以容易交往，只要你主动一点，就可能改善交往不良的局面。

7.1.2 学生常见的心理问题简析

典型个案1：某女生甲，学习成绩优秀，因面部烫伤较丑，进入青春期后产生嫉妒漂亮女生的心态，经常抑郁苦闷。曾几次想轻生，认为自己是世界上多余的，怨恨父母对她照顾不周，认为做人没有意思，不如趁学习成绩好给人留下一个好印象而告别人生，求得解脱。

这类学生不知人无完人，过分看重自己的弱点，容易产生心理不平衡。在这种心理状态下未完全成熟的学生很容易产生自卑、羞耻、怨恨、不满的情绪，严重者会变得呆（思维迟钝，记忆衰退）、懒（四肢乏力，懒于读书做事）、忧（忧心忡忡，对任何事提不起兴趣，甚至丧失理智，做出意外的出格行为）。

典型个案2：某男生乙，见人腼腆，遇生人或校领导更局促不安，如遇女性，会手足无措，面红心悸，交谈时口吃，惹同学耻笑；性格内向，孤独，同班中无知心好友，严重时，心烦意乱，消沉苦闷，经常失眠，呆滞。

这是典型的社会适应障碍。失眠、心烦意乱、情绪抑郁、学习效率低下，就是社会环境适应不良、人际交往困难的表现，加之性格内向孤僻，更易造成心理偏异，甚至缺陷。据了解，这学生原在北方生活，适应当地生活，学习成绩冒尖，只是较为内向。到了新的环境，遇到新的人际关系后，不能尽快适应，妥善处理，形成了抑郁、焦虑，加上言语不通，又因有口吃的毛病，因而产生人际交往障碍。有人曾对在校学生的伙伴交往做了一次抽样调查，发现孤独型学生占被测学生的10%。这中间，有些人在学校里是"小哑巴"，而在家庭中却是"小喇叭"。这就是"公众场合恐惧症"。这类学生在青春期的异性交往方面也存在着不少问题。总之，青年学生在人际交往方面，确实存在诸多的心理与行为问题。

典型个案3：某女丙，父母对其期望很高，造成其心理压力很大，考试焦虑、恐惧，特别是遇到较为重要的考试时更为严重。考试前、中都会出现心悸、胸闷、头晕，有时伴有腹泻，记忆再现困难，见题脑中一片空白，无法抑制自己的紧张情绪，考下来的成绩可想而知，不仅父母焦急，她本人也很担忧。

典型个案4：某男丁，外表文静有礼，但内心非常痛苦。据他本人诉说：每次作业要反复检查十余次，生怕遗漏出错，在家反复洗手，重复关门，生怕疏忽大意。寄封信，要拆了粘，粘了再拆，反复拆封十余次还不罢休。这是强迫行为，无意义的想法无法排除。此类同学外表正常，但对其强迫行为难以摆脱，思想苦闷，情绪忧郁。据资料表明，此症多见于16~30岁，男性多于女性，其中1/3的人具有强迫性格缺陷：过分怕脏、过分细心、过分不放心、过分穷思竭虑。

第7章 学生心理健康与认识自我

【你知道吗?】校园心理问题的具体表现

1. 学习压力感；
2. 厌学；
3. 有敌对倾向，乱发脾气；
4. 有抑郁焦虑倾向，总感到莫名的紧张、坐立不安、心神不定、心里烦躁、不踏实；
5. 有心理不平衡倾向，甚至对他人心生怨恨；
6. 自卑；
7. 任性。

7.2 同性恋与自我认识

【案例导读】

案例一：

在学校小Y和同寝室女同学小L关系最好，两人一起上课、吃饭、逛街、游玩，经常一起聊天谈心，心理上越来越亲近，身体上也渐渐有亲密的接触，捏一下、抚摸一下都很正常。其他同学看到她们总是黏在一起，对男生都没有兴趣，也都开玩笑地说她们是同性恋。在一个寒冷冬天的周末，她们在一个被窝里取暖睡觉，并试探性地接吻，互相抚摩……之后她们都很矛盾，内心也冲突得厉害，搞不清楚自己到底是不是同性恋。

> **案例二：**
> 17岁的女生G，同性恋三年了，前后交过三个女友。她无心学习，成绩很差，束胸，偷吃激素，上网进入同性恋论坛，加入QQ同性群，和网友交流同性恋信息，结交被老师和家长认为是不良的女孩男孩，沉溺在同性恋者的疯狂与执着中，同时也跌落到因同性恋不被亲人认同的压抑和忧伤里。有一天G一家人闹得很凶狠，G要自杀，妈妈也要死，父亲手足无措，焦急万分，情急之下，G的父亲拨打了110请警察过来制止，才暂时解除了危机。

7.2.1 同性恋的行为与倾向

同性恋，普遍称gay、玻璃、BL（对男同的简称）、lesbian、蕾丝、拉拉、百合、GL、毫升（ML）（对女同的简称），是指一个人在性爱、心理、情感上的兴趣主要对象均为同性别的人，无论这样的兴趣是否从外显行为中表露出来，那些与同性产生爱情、性欲或恋慕的人被称为同性恋者。同性恋（homosexual）的人群大约占人口的比例为10%。对同性产生性冲动和情感向往的人群，一般要到20岁以后医学才可以判定是否为同性恋。

现代科学研究显示，各种少数性倾向（男同性性倾向、女同性性倾向、双性性倾向）和精神病理不存在任何内在联系，故同性恋不是一种精神疾病或心理障碍，只是一种不同于大多数人的性取向。同性恋自我认同的平均年龄，男女均为16岁。

7.2.2 青年学生同性恋行为的认同

青年时期常会出现与同性较为亲密的情感，这种情感包含了信任、崇拜、依赖甚至嫉妒的成分。事实上这种状况是人际发展的阶段之一，确认是不是同性恋者，可以参考以下条件：

（1）不可抑制地想要和同性有亲密行为的幻想。
（2）情感和情欲的对象仅限于同性。
（3）不是因为环境限制而产生的同性行为，而是一种持续性的反应。
（4）对异性性行为有排斥的现象。

所以青少年同性恋者可以定性为：年满16岁以上的个体，无论在性爱、心理、情感及社交上的兴趣，主要对象均为同性别的人，这样的兴趣并未从外显行为中表露出来，且上述反应是持续性的，不受环境的限制而改变。

有些人的同性恋行为并不是性取向问题，而是出于好奇被迫等原因与同性发生性关系，这些人并不是同性恋。此外，同性恋中较常令人混淆的是"扮异性癖"和"双性恋"。"扮异性癖"者喜欢做异性服饰打扮，其中有一部分是男同性恋者,女性异装的同性恋者较少。"双性恋"是指心理与生理不一致的人,在性取向上较难与同性恋者做完整明确的区分。

7.2.3 同性恋产生的问题

1. 心理健康问题

相对保守的社会主流思想和传统性别角色观念导致人们常把同性恋看作精神病、性变态、性倒错,等等,现代科学研究显示,同性恋者的各项指标完全正常,故同性恋不是一种疾病,只是一种不同于大多数的人的性取向,并且猜测这种性倾向可能是由于基因不同而导致的。

2. 身体健康和社会法律问题

男同性恋由于多种原因,部分人群在一定阶段存在着多性伴的情况,所以,安全问题一直就是同性恋人群所忽视的。

同性恋群体也会引起一些社会问题。一部分同性恋群体私生活紊乱,部分同性恋者选择与同为同性恋者的异性结婚,被称作"形式婚姻",还有的同性恋面对世俗的压力,选择欺骗异性的异性结婚,等等。

3. 心理咨询和治疗问题

如果发现自己有同性恋倾向,本人又没有心理冲突,那么首先需要自己调整,正确认识同性恋。

如果存在同性恋倾向又有愿望改变自己的同性恋者有必要进行治疗。最好的治疗方法是既用行为治疗又给予心理治疗,包括集体心理治疗。

7.3 学生自杀原因探析

【案例导读】

案例一:

20××年1月5日晚,某学校男生宿舍楼,一名男生从楼顶跳下,当场身亡。死者身高1.7米左右,体型偏瘦。现场已拉起警戒线,多名警察正在勘查,大量观看的学生被学校老师劝离现场。据了解,事发前,学校一名巡查保安曾发现楼顶趴着一个人,因光线暗淡,并不能确定。正当他前往细看时,那人已经从楼顶跳了下来。事发后,学校领导带领保卫科老师迅速赶往现场,发现跳楼者是该校计算机系大三学生。知情者称,该跳楼男生已找好工作单位,预备毕业后就上岗。该生跳楼可能与情感有关。

案例二：

20××年1月16日凌晨，某学校有一名学生从宿舍楼坠楼身亡。警方公布坠亡者为一名20岁左右的F姓男生，排除他杀可能。而网友事后在学校的BBS上发现，有一封疑似死者留下的遗书，称因厌恶学习，从优等生变成差等生，愧对父母而选择结束生命。

这些事件说明了当代学生心理素质欠缺与心理健康教育缺失的问题。

据中国社会调查所的一项调查显示，26%的受访大学生有过自杀的想法。近年来，学生自杀事件有蔓延趋势，引起自杀的原因复杂多样，造成他们心理脆弱的原因是什么呢？解决青年学生自杀问题，加强心理疏导和心理治疗是必要的。

7.3.1 造成青年学生耐挫力差的原因

造成当今青少年耐挫力差的原因有多种多样，主要表现在以下几个方面：

1. 家长过分溺爱，使青年学生从小没有得到应有的锻炼

由于家长过分地"呵护"孩子，从而使他们失去了很多接受挑战和锻炼的机会，这些成长在"温室"里的小苗，当风雨来临时，耐挫力自然就差了。

2. 家长期望值过高，让孩子在负重的环境中成长，造就了一颗残缺的心

青年学生在物质上的要求，很多家长可以说要什么给什么，但在学习方面，便毫无商量的余地，学习成绩的好坏，成了很多家长衡量孩子好与坏的标准，导致孩子心里压力大且人格不够完善。

3. 青年学生理想追求、意志品质和责任意识培养不够

很多青年学生在理想追求上感到迷茫。由于缺乏应有的锻炼和磨难，有畏难情绪，怕苦、怕累，缺乏坚强的意志品质；有以自我为中心的习惯，所以稍有挫折，便易意气用事。

4. 学校、社会的容忍助长了一些青年学生放纵自大的心理

由于家长对孩子的溺爱，容不得孩子在学校受一点委屈，如孩子表现不好受了老师的批评教育，就会有家长出来指责老师、告老师甚至打老师，还有不少媒体跟着热炒这类事件，使得不少老师都抱着多一事不如少一事的心态，从而使不少青年学生更加放纵骄横，养成了骄横自大但又脆弱的心理，有可能做出极端的反应。

7.3.2 预防学生自杀的对策

自杀是可以预防的。首先对存有"自杀意念"的学生及时进行教育和疏导是可行的。而真正实施自杀的学生，从产生自杀意念到行为实施通常有一个心理过程和一个时间过程，他们往往处于既想自杀，又期待得到帮助的矛盾心态。这种矛盾心态使自杀行为不可能马上付诸实施。据调查，自杀者从产生自杀意念到行为实施历时在半年以上者占81.3%，这就为自杀预防和危机干预提供了可能。

7.3.2.1 个人预防

自杀是个人自愿实施的，所以要使行为人放弃自杀，首先应从个人预防开始。一般个人预防应从以下四方面进行：

（1）树立远大理想，对人生充满信心。
（2）提高心理素质，尤其提高抗挫折的能力。
（3）拓宽人际交往，寻求广泛的社会支持。
（4）主动寻求心理咨询师或心理医生的帮助，及时化解心中的疑云。

7.3.2.2 高危人群的筛选

对于个人预防能力较差的有自杀倾向学生，由学校进行有针对性的帮助就显得相当重要，主要靠筛选法来进行，而筛选高危人群的一般程序为：

（1）加强自杀预防知识的普及教育，以减少高危人群的相对数量。
（2）进行行为观测和心理检测，从而确定具体高危人群。一般用于心理检测的量表有 Bech–H 无望量表、自杀态度问卷（QSA）、各种抑郁量表及自设的调查问卷等。
（3）对高危人群进行重点预防。如开设"生命热线"、心理咨询中心等，以便给予企图自杀者及时帮助。

7.3.2.3 自杀的公共预防

学生自杀预防是一项社会性的公共卫生事业，需要全社会的共同参与。而较好的公共预防应当做好以下几项措施：

(1) 设立自杀预防机构，如自杀防治中心、"生命热线"、"希望热线"、心理咨询中心等。

(2) 进行自杀预防知识的普及教育，主要包括自杀的危害、自杀的常见表现、自杀的原因、自杀的高危因素、自杀心理、自杀相关机构的情况等。

(3) 限制自杀常用药物、工具的方便易得，加强对高危地点（如高楼、高压电源处等）的监控。

(4) 加强对高危人群的社会支持，使他们有较强的社会责任感和归属感。

7.3.2.4 危机干预

危机干预是指专业咨询员通过各种方式（如热线咨询、现场咨询、门诊咨询）帮助自杀者打消念头，重新回归社会。实践证明，对当事人，尤其是有心理障碍的当事人进行主动干预是防治自杀的有效方法。作为一群高智商、高情商的现代大学生，出现的心理问题很多情况下只是心理失调而一时冲动的表现，只要发现及时，危机干预的成功率极高。美国学者柯金的危机干预"劝阻—恢复—发展"三目标就是很有名的干预模式。

7.4 学生职业心理辅导

【案例导读】

案例一：
学生Z某毕业以后找不到工作，租住在学校附近，平常以给人发宣传广告、递送快餐、免费陪人聊天打发日子，想通过这样的方式锻炼自己，梦想以后自己当老板，开创自己的事业。

案例二：
学生X某毕业至今一年，换了十几份工作，平均每份工作坚持不到一个月。刚开始从事每一个工作都很新鲜、很兴奋，没过几天就觉得没有兴趣、很累，于是辞职。稍微感兴趣一点的工作，又觉得同事不好相处，老板抠门小气。如今待业在家。

学生毕业后求职难是一个普遍的问题。临近毕业的时候，很多学生盲目地投简历、找工作，这种现象出现的原因很大一部分是因为学生们没有一个明确的职业生涯规划。许多学生在校期间对自己未来的职业生涯如何发展完全没有概念，对毕业后的发展前途感到迷茫、没有目标。所以在学生阶段对自己以后要做什么做一些思考和探索，在未来的求学和职业生涯中会少走很多弯路。

7.4.1 职业生涯规划定义

生涯（career）指个人一生的道路或进展途径，它不限于工作或职业，还包括事业、前程、生计、爱情、家庭、休闲等方面，它包含一个人在其一生中所从事的一系列与个人工作生涯有关的所有活动。生涯是一个人选择并通过他的工作或专业、生命去追求人生价值的课题。生涯的发展是个人终其一生所扮演角色的整个过程，通常被视为与工作有关的个人成长、学习和发展过程。生涯规划是以人生命历程中的事业生涯发展为核心，关心个体一生当中的教育、职业，并涉及与教育、职业有关的生存角色的选择与发展。

学生职业生涯规划，就是让学生尽早认识自我、认识职业、认识教育与职业的关系，学会职业决策，从小根据自己感兴趣的职业目标，从知识、技能和综合素质方面锻炼自己的职业竞争力。

7.4.2 职业生涯规划的内容

学生职业生涯规划的内容主要有：
（1）自我发展。着重于认识自我，从总体上了解自己的需要。
（2）生涯探索。着重于认识自己学习境况与将来职业的关联。
（3）生涯管理。着重于培养规划与努力实践理想的能力。

【专家建议】如何提升自我认知？

自我觉察——我的习惯和态度是怎样的。

个人突破——找出发挥工作热情的障碍，并养成良好的习惯。

阳光心态——自利利他，自爱爱人。

【专家建议】建立阳光心态的四种工具

目标确定，知己知彼

事件中立，换位思考

重在过程，推己及人

提升情商，自他交换

【拓展阅读】霍兰德职业兴趣测试

霍兰德职业兴趣测试由美国著名职业指导专家霍兰德编制，主要用于确定被测试者的职业兴趣倾向，进而用于指导被测试者选择适合自身职业兴趣的专业发展方向和职业发展方向。该测评具有较高的准确性，大量应用在指导求学、求职和工作转换等方面。

霍兰德提出的6种基本职业类型为：现实型R、研究型I、艺术型A、社会型S、企业型E、常规型C。

这六种类型的特征分别是：

现实型（R）：其基本的倾向是喜欢以物、机械、动物、工作等为对象，从事有规则的、明确的、有序的、系统的活动。因此，这类人偏好的是以机械和物为对象的技能性和技术性职业。为了胜任，他们需要具备与机械、电气技术等有关的能力。他们的性格往往是顺应、具体、朴实的，社交能力则比较缺乏。

研究型（I）：其基本的倾向是分析型的、智慧的、有探究心的和内省的，喜欢根据观察而对物理的、生物的、文化的现象进行抽象的、创造性的研究活动。因此，这类人偏好的是智力的、抽象的、分析的、独立的、带有研究性质的职业活动，诸如科学家、医生、工程师等。

艺术型（A）：其基本的倾向是具有想象、冲动、直觉、无秩序、情绪化、理想化、有创意、不重实际等特点，他们喜欢艺术性的职业环境，也具备语言、美术、音乐、演艺等方面的艺术能力，擅长以形态和语言来创作艺术作品，而对事务性的工作则难以胜任。文学创作、音乐、美术、演艺等职业特别适合他们。

社会型（S）：其基本的倾向是合作、友善、助人、负责任、圆滑、善于社交言谈、善解人意等。他们喜欢社会交往，关心社会问题，具有教育能力和善意与人相处等人际关系方面的能力，适合这一类人的典型的职业有教师、公务员、咨询员、社会工作者等以与人接触为中心的社会服务型的工作。

企业型（E）：其基本的倾向是喜欢冒险、精力充沛、善于社交、自信心强。他们强烈关注目标的追求，喜欢从事为获得利益而操纵、驱动他人的活动。由于具备优秀的主导性和对人说服、接触的能力，这一类型的人特别适合从事领导工作或企业经营管理的职业。

常规型（C）：其基本的倾向是顺从、谨慎、保守、实际、稳重、有效率、善于自我控制。他们喜欢从事记录、整理档案资料、操作办公机械、处理数据资料等有系统、有条理的活动，具备文书、算术等能力，适合他们从事的典型职业包括事务员、会计师、银行职员等。

7.4.3　学生就业心理辅导的内容与措施

内容	措施
（1）帮助学生认识自己，合理定位； （2）指导学生认识职业世界； （3）指导学生掌握职业生涯规划的知识与技术； （4）帮助学生培养职业决策的能力。	（1）增强自身的心理素质，培养求职能力； （2）提高个人责任感，勇于追求自我成长； （3）带着欣赏、包容和理解的态度看世界； （4）提升自我价值及竞争力，积极主动作为； （5）学习与培养团队协作意识，突破协作障碍； （6）保持感恩之心回馈社会，有长远发展眼光。

7.5　学生恋爱心理辅导

【案例导读】

案例一：

Q某，女，各门成绩均好，但外语较差。妈妈为她着急，便托人给女儿请了一位外语系毕业的高才生做家教。开始，Q对老师持排斥态度，但几次辅导课下来Q对外语有了兴趣。老师讲得清楚、有趣，Q学得认真起劲，外语水平提高很快。他们经常相互夸奖，辅导的次数也越来越多，时间越来越长。不久，这位家庭教师告诉Q他非常喜欢她，将来一定要娶她。Q又惊、又怕、又喜。她想：虽然自己不成熟，但他已经成熟了，于是便学着成年人的样子做了他的恋人。不料几天前，Q被父母发现怀孕了。她又悔、又恨，追悔莫及！

案例二：

　　N（男）和M（女）两人是高中同学，一起考上了大学，在同一个城市里，但并不在同一所学校，相距大概一个半小时的车程。两人在高中的时候都忙着高考，关系一般，上大学以后也联系不多，他们在上大学半年以后的一次同学聚会中再次相遇了，由于在大学压力较小，大家都比较放松，他们见面之后聊起高中时候的事情，一起回忆以前班级上的一些事，并介绍了各自在学校的一些情况，聊得很高兴，慢慢地感觉亲近了很多。N觉得大家的变化很大，以前没发觉，现在看着M觉得还挺有魅力，因此越发热情起来，M受此感染也很开心。

　　同学聚会结束后，大家都各自回学校，从此N经常给M打电话，聊一些学校里的事，两人的关系渐渐地发展起来，两个月后，两人正式地在一起，成了男女朋友。刚开始的时候，两人的感情进展很快，感情也很热切，一到周末俩人都在一起，尽管小有吵闹，但两人都很快解决了。相处半年之后，M发觉N给自己打电话的次数少了，并且周末来找自己的次数也少了，M问及原因，N总是说学校事情多。M知道事情不对，托与N同校的朋友打听，才知道最近N经常与本校的一个女生在一起，还很亲密的样子。M觉得很生气也很难过，在一个周末没有告诉N的情况下，偷偷去了N的学校，在N宿舍楼下等了一个下午见到了N和一个女生牵着手回来，M某顿时觉得自己受到了欺骗，上去就给了N一巴掌，并提出了分手，然后愤怒地回到了学校。由于事情败露，N和M反目成仇，甚至在自己的朋友面前互相言语攻击对方。由于这件事情弄得两人在以前的同学面前都抬不起头，结果一对好好的情侣就变成了陌路甚至反目成仇。

处于青春期的同学们，由于性生理的发展与成熟，逐渐有了性意识的萌芽。他们愿意接近异性，希望得到异性的关心和爱恋。但他们毕竟年轻、单纯，生活经验少。很多同学把异性之间的好感、友谊当作爱情来对待，由于传统观念的影响，使异性友谊无立足之地，异性同学之间接触多一些，就会被人哄成"恋爱"，当事人有时就被逼上梁山。有的同学外貌漂亮，生性浪漫，认为青春的幸福就在于花前月下的私语，为了追求这种幸福，会轻易地和别人恋爱。有的同学只是为了好玩和猎奇谈恋爱，后来却弄假成真。有的同学缺乏坚强的毅力，自我约束力较差，无法驾驭自己的感情，在所谓"爱的旋涡"里越陷越深，不能自拔。还有一些未谙世事的女孩子，她们依赖性强，渴望得到温暖和爱护，于是一些不怀好意的成年男性就给这些女孩足够的关怀体贴与指点帮助，以换取女孩子的感激。身体上的成熟和好奇心理使她们的自控能力减弱，常常造成不可挽回的后果。

7.5.1 爱情的本质

爱情是指男女之间基于一定的社会关系和共同的生活理想，在各自内心形成的对对方最真挚的爱慕，渴望对方成为自己终身伴侣的最强烈的情感体验，是两颗心灵互相吸引，达至精神升华的产物，是人类特有的一种高尚精神生活享受。

爱情是生理性、情感性和社会性的内在统一，其社会性反映了爱情的内在本质属性。爱情的心理结构包括性爱和情爱。性爱体现的是爱情的生物性。性爱的主要特点包括：排他性、冲动性、隐藏性。情爱体现的是爱情的社会性。忠贞专一是纯真爱情的重要标志，是爱情的美德。

7.5.2 培养爱的能力

1. 什么是爱的能力

心理学家弗洛姆认为，爱是人的一种主动的能力，一个把人和其他同伴分离于围墙的能力，一种使人和他人相联合的能力；爱使人克服了孤独和分离的感觉，但他允许他成为他自己，允许他保持他的完整性。爱的能力是指和他人建立亲密关系的能力，具备了爱的能力会引导一个人去真正地爱他人，也真正地爱自己，能真正体验到爱给人带来的快乐和幸福。

一个人爱的能力有多强，首先要看其内心储存了多少可以给予的爱。如果一个人内心是干枯的，没有爱可以付出，也就缺乏爱的能力的基础。父母给予孩子的爱使孩子也会切身感到自己是一个可爱的人。当一个人爱他人之前，首先要学会的是自爱。

弗洛姆说：关心、尊重、责任、认识他，不是为某个人所爱之意义上的一种情感，而是为所爱的人的成长和幸福的一种积极主动的奋斗，它根植于自身的爱的能力。艾克哈特说：如果你爱自己，你就会像爱自己那样爱其他的每个人，只要你对其他人的爱不及对自己的爱，你就不会真正地爱你自己。但是如果你同样地爱所有的人，包括爱你自己，你就会爱他们像爱一个人，这个人既是上帝又是人类，这样的人就是一个爱自己同样也爱其他所有人的、伟大而正义的人。

2. 爱的能力的组成与培养

（1）表达爱的能力。

爱不是让自己心安，而是用正确的方式表达我们的关怀，让对方感到安心。表达爱需要勇气，需要信心，也需要正确的表达方式。很多时候，我们对他人的关怀，往往会用最严厉的责备或过度的说教来表达。因为太在乎，情绪上难免表现得过于激动，忽略了对方最真实的需要。而这时在对方眼里，你的情绪、说话的内容只是强烈地表达了你个人的主观意识和看法，而不是你对他的关心。当你表达的方式明显与你要释放出的善意互相违背的时候，对方并不能了解你的苦心。这是一种恶性循环。爱要用对的方式来表达，才能让你爱的人感受到他想要的关怀，才能让对方安心。

（2）接受爱的能力。

当一个人面对别人给予的爱的时候，能够及时准确地做出判断，并做出或接受或拒绝或再观察的选择，也是一种爱的能力。缺乏这种能力的人，要么匆忙行事，要么无从把握。当期望的爱来到身边时能够勇敢地接受，是爱的能力的表现。

（3）拒绝爱的能力。

拒绝爱也非常重要，对自己不愿或不值得接受的爱应有勇气加以拒绝。一般情况下，拒绝他人的求爱以如实说明自己的态度为好。在向对方说明自己的态度时，要注意尊重对方，话要说得婉转一点，切莫恶语伤人后扬长而去。同时，态度要表达清楚，不能吞吞吐吐、模棱两可，免得对方误解你的感情而陷入"单相思"之中。现实生活中，有的人求爱被拒绝后仍然对对方纠缠不休，甚至向对方施加压力。针对这种情况，要耐心地说服对方，让对方明白"强扭的瓜不甜"的道理。如果本人说服不了对方，可以请对方的好朋友做对方的工作。只要工作做得细、做得好，求爱者一般是能够接受的。对于那些胡搅蛮缠、恶意要挟的人，可以请求有关老师和领导帮助处理。

（4）鉴别爱的能力。

当一份爱向你走来，无论这份爱是来自于一般朋友的爱还是来自异性朋友的喜欢，还是未来恋人的爱情，首先需要有分辨清楚的能力。

（5）解决爱的冲突的能力。

爱需要包容、理解和体谅。一个心理成熟的人，也要学会用建设性的方式去解决冲突。

（6）面对失恋的心理承受力。

学生失恋初期常出现心烦意乱、焦虑不安、情绪低沉、愁眉不展、吃不下、睡不香，对生活、学习兴趣减少，对爱感到绝望，一时孤独虚无等心理反应。面对失恋，首先要正确认识失恋。恋爱不是生活的全部，失恋虽然是痛苦的，但绝对不是致命的。失恋只是一种选择的结果，要在失恋中学习，要知道失恋也给人再恋爱的机会。

（7）保持爱情长久的能力。

要保持爱情的常新，需要智慧、耐力、持之以恒及付出。善于交流、欣赏对方是爱的重要源泉；爱要保持自己的独特性，也尊重对方的独特性，爱要宽容，爱要学习，处理恋爱与学业，与其他人际交往的关系等，将爱情作为发展的动力；爱需要学习和培养，每个人都有爱的能力。

【情感小卫士】 友谊与爱情的异同

支柱不同——友谊的支柱是理解，爱情的支柱是感情。
地位不同——友谊的地位是平等的，爱情的地位是一体化的。
体系不同——友谊的体系是开放的，爱情的体系是关闭的。
基础不同——友谊的基础是信赖，爱情则纠缠着不安和期待。
心情不同——友谊充满"充足感"，爱情充满"欠缺感"。

【情感小专家】 失恋后如何调整心理状态

（1）失恋不失志。爱情是生活的一部分，但不是唯一的、全部的内容。失恋后应认真检查自己，寻找不足，总结经验教训，找准在生活中的位置，完善自己，而不是萎靡不振，不要失去对事业和生活追求的志向和信心。

（2）失恋不失德。当受到悔恨、遗憾、恼怒、惆怅、失望等不良情绪困扰时去做过激的事，可能会给自己和他人带来更多的痛苦。

（3）倾诉与自慰。可用倾诉的方法向家人、朋友把内心的烦恼发泄出来，释放心中的压抑感，得到真诚的劝慰。或用"吃不到的葡萄总是酸的"方法来自我安慰。

（4）失恋后要培养乐观豁达的健康心理，振奋精神把目光投向未来。

（5）失恋后要善于排除自己的痛苦，及时把注意力转移到其他的事物上。如旅游、散步、听音乐、看书等对缓解失恋的痛苦也是有益的。

（6）失恋后不要放弃对爱情新的追求，不能因为一次失败就把自己封闭起来。

7.5.3 健康的恋爱观念及恋爱行为的养成

1. 树立正确的恋爱观

（1）提倡志同道合的爱情。一般情况下，异性感情的发展是沿着熟人—朋友—好朋友—知己—恋人这一线索发展的，当一个男性成为一个女性心中任何人都不能代替的角色时，爱情就可能降临。在分享快乐和痛苦、共同成长的过程中，爱情就会产生和发展。

（2）摆正爱情与事业的关系。青年学生应该把事业放在首位，摆正爱情与事业的关系，不能把宝贵的时间都用于谈情说爱而放松了学习。因为学业是学生价值感的主要支柱。

（3）懂得爱情是一种相互理解、相互信任，是一份责任和奉献。没有人追逐爱情只是为了被约束，相互信任是自信的表现，它是获得崇高的爱情的基础。

2. 发展健康的恋爱行为

（1）恋爱言谈要文雅，讲究语言美。交谈中要诚恳坦率自然，不要为了显示自己而装腔作势，矫揉造作；不能出言不逊，污言秽语，举止粗鲁；相互了解，不要无休止地盘问对方，使对方自尊心受损。否则只会使之厌恶，伤害感情。

（2）恋爱行为要大方。一般来说，男女双方初次恋爱，在开始时常感到羞涩与紧张，随着交往的增加会逐渐自然与大方。这个时期要注意行为举止的检点。有的人感情冲动，过早地做出亲昵动作，使对方反感，影响感情的正常发展。

（3）亲昵动作要高雅，避免粗俗化。高雅的亲昵动作发挥爱情的愉悦感和心理效应，而粗俗的亲昵动作往往引起情感分离的消极心理效果，有损于爱情的纯洁与尊严，有损于青年学生的形象，同时对旁人也是一种不良的心理刺激。

（4）恋爱过程中要平等相待，相敬如宾。不要拿自身的优点去比较对方的不足，以此炫耀抬高自己，戏弄贬低对方，也不宜想方设法考验对方或摆架子，这些都可能挫伤对方的自尊心，影响双方的感情。

（5）善于控制感情，理智行事。恋爱中引起的性冲动，一方面要注意克制和调节，另一方面要注意转移和升华，参加各种文娱活动，与恋人多谈谈学习和工作，把恋爱行为限制在社会规范内，不致越轨，要使爱情沿着健康的道路发展。

7.6 学生心理疾病的治疗方法

【案例导读】

案例一：

男生 J 成绩一直名列年级前茅，但行为怪异，决不与任何人为伍，更不与任何人搭腔。该生的老师经常注意观察他，见此情状，常主动过去和他谈话，发现他处于全面防守状态，颇有些"严防死守"的味道，虽有问必答但只限于礼貌的"yes or no"，并不解释。更多地接触后发现，他所回答的语词虽有增加却表现出一种另类的味道，原来他的表达中没有第二人称，跟老师说话时总是说某老师怎么样，而不说您怎么样。现实生活中有这种第二人称缺失现象者亦不乏其人。后来这位同学以当时理科总分 601 的好成绩考上了某工业大学，该男生在大学被心理医生诊断为中度自闭症，虽不至休学，然则终日怏怏，愁云惨淡，难见笑容。

案例二：

某学校女生 H 聪明勤奋，成绩颇佳，当年以理科总分 587 考取某名牌大学。H 平常一向沉默寡语，和人交往甚少，遇有人与其打招呼或全然不睬，或仅报以淡笑。她上大学后不到两个月即因心理症而告休学一年。原来好端端的一个妙龄女子已变得骨瘦如柴，面目全非，扼腕叹息之余不免探问究竟。原来她上大学后对其同班一男生芳心暗许，奈何该男生冥顽不灵，全然不知，直害得 H 春心无主，惆怅神伤，终因无处宣泄而导致精神分裂。

上述案例中的学生都有心理上的问题，他们长期处于心理压抑的状态，影响了自己的学习和生活。

清华大学教育研究所心理学教授樊富珉在"绿丝带行动——中国心理卫生协会科普讲师团"启动仪式相关会议上透露，12.3% 的大学生有中度以上心理困扰。

学生心理问题压力来源的外在（因素）原因是次要的，主要的还在于内因，在于学生本人的心理素质。中国心理卫生协会会长蔡焯基教授就认为，学生作为一个特殊群体，在面临来自社会各方面压力的同时，缺乏正确应对压力的能力，自我调节能力相对较弱，处理不当就会引发各种心理问题，如情绪焦虑和抑郁，甚至可能导致出走、休学、自杀等严重事件。

7.6.1 如何面对不稳定情绪

心理学家曾经做过一个实验,把同窝生的两只羔羊放在相同的草地中喂养,不同的是一只羊的旁边拴着一只狼,实验结果是怎样的呢?旁边拴狼的羊很快就死了。羊每天生活在恐惧中,吃不下,睡不着,当然要死了。

1. 转移注意力法

上课时有几道题不会做,老师讲解也听不懂,心里很烦,如果下课后和同学做做游戏,或听个笑话,心情就会好许多;有时我们也不知道为什么心情就很低落很糟,这时,如果你能到环境优美的地方去散散步,心情马上会得到改善。另外,看看电视,听听音乐,也是帮助我们转移注意力的好方法。

2. 合理宣泄法

你不高兴的时候,把不满发泄出去,情绪会好些,这一点是转移法做不到的,如突然失去亲人,人们安慰其家人的常用方法是劝其哭出来,发泄情绪的方法和途径很多,除了哭、喊、诉外,还可以通过剧烈运动,打、骂象征物的方法,排解不良情绪。

3. 控制情绪

(1)自我暗示法:要和别人打架之前先数 10 个数,也许就会避免一场无谓的争斗。上台表演之前跟自己说"别紧张,我一定能唱得非常好",也许你就会成功的。给自己找个合适的理由,让大错误变成小错误,从而减少自责自罪或减轻不良的情绪反应。

(2)心理换位法:也称为换位思考,"我要是他会怎样呢?""别人出了这样的问题都是怎样解决的?""别人是不是也出现过同我一样的问题?"换位思考让我们转变思考问题的角度,正确地认识问题,从而找出解决问题的方法。比如拿到考卷突然感到考题很难,很多都不会做,因此,紧张焦虑起来,越紧张越不会做,就会使考试越不理想。如果这时我们换位思考一下也许会缓解紧张,使情绪稳定下来。应该这样思考。"我感觉难,大家都难,我要是考不好,别人也都会考不好。"

【心理换位法小故事】

古时候,有一位老人家,她有两个儿子:一个是卖伞的,一个是卖扇子的,她总在忧愁中,下雨天担心卖扇子的儿子卖不出去扇子而无法生活,晴天时担心卖雨伞的儿子卖不出去雨伞而无法生活,今天愁,明天愁,结果一病不起。一天,来了一位智者,告诉他,你可以换位思考一下,下雨天你卖雨伞的儿子生意很好，你应该高兴；晴天时，你卖扇子的儿子生意很好，你也应该高兴，你的儿子天天都有发财的，你应该天天高兴才对，老人家一听有道理，病马上好了。

克服心理障碍的简易方法

（1）降低期望值。心理学研究发现，期望值越高，失望越大。很多烦恼是由于对自己、他人和社会的期望值太高而造成的。因此降低期望值，对现实不抱不切实际的幻想，也就少了很多烦恼。

（2）偶尔屈服法。凡事太计较，一味固执，不做半点让步，烦恼当然会多。而只要大前提不受影响，做一些细节上的妥协是必要的。不是说"退一步海阔天空"吗？

（3）幽默法。遇到挫折时，常可用幽默来化解困境，维持心理平衡。如大哲学家苏格拉底和一群学生讨论学术问题时，夫人突然跑进来，先是大骂，接着又往苏格拉底身上浇了一桶水，把他淋了个透。可苏格拉底只是笑一笑说："我早知道打雷之后一定下雨。"本来很难堪的窘境，一句幽默话就把事情化解了。

（4）忘却法。我们无法改变过去，也无法找到医治后悔的良药，面对现实，忘却过去，可以使自己更好地适应新的环境。

7.6.2 防止逆反心理

逆反心理的表现是多种多样的。如对教育者有明显的"反控制""对抗心理"，即你要求我这样，我偏不这样。而这种情形，最容易引起老师、父母的恼火。而老师、父母越是恼火，对于他（她）越发训斥，这样就使他更加反感，直接影响到与父母老师之间的正常关系，以致逃学、离家出走，甚至走上犯罪的道路。

逆反心理会导致青年学生对人对事多疑、偏执、冷漠、不合群等病态性格，使之理想泯灭、意志衰退、学习被动、生活萎靡等。那么，如何防止和消除逆反心理呢？

1. 学会理解

学着从积极的意义上去理解大人，父母的唠叨、老师的批评都是善意的，看到他们的出发点是好的，是出于对你的关心。而老师、父母也是人，也有正常人的喜怒哀乐，也会犯错误，也会误解人。我们只要抱着宽容的态度去理解他们，也就不会有逆反心理了。

2. 把握自我

经常提醒自己，要虚心接受老师父母的教育，遇事要尽力克制自己，要知道,退一步海阔天空,凸显自己的个性并非是通过与他人的对抗来实现的。另外,还要主动与老师、父母接触,向他们请教,这样多了一份沟通,也就多了一份理解。

3. 学会适应

青年学生要提高心理上的适应能力,如多参加课外活动,在活动中发展兴趣,展现自我价值,这样,逆反心理也就克服了。

7.6.3 如何面对逆境

日常生活中,人们经常会祝你万事如意,一帆风顺,心想事成。但实际上,这种祝福只是人们良好的心愿,在实际生活中,人们往往因为各种原因,很难一帆风顺。就学生而言,遭受的挫折也是很广的,如学习成绩下降、人际关系不良、家庭变故、患病伤残等,如果不能正确地对待挫折,将可能造成严重的后果,轻者影响学习和生活,重者攻击他人或伤害自己,甚至造成人格的歪曲,而影响一生的幸福,所以,正确认识挫折,掌握应对挫折的技巧和方法,同时提高心理的承受能力是十分必要的。

常见的表现形式:

(1) 压抑:内心很苦,用时髦的话说,叫"郁闷"。一个人坐在那儿,不愿与他人说话,情绪低落,甚至独自落泪。这是常见的心理反应,自我压抑程度大,不利于身心健康。

(2) 攻击:当个体遭受挫折后所采取的一种较为激烈的行为方式,攻击可分为直接攻击与转向攻击。例如课外运动时发生争执,由争吵谩骂发展到群殴,结果造成多人严重受伤的局面。这是直接攻击的典型案例,当个体受到挫折后,经常会引起愤怒的情绪,从而对引起挫折的人或事物发起攻击,如怒目而视,开口骂,动手打,以发泄心头的不满。

有些同学因考试不理想,或受到老师批评,心理不平衡又无法排泄,就撕书本摔文具,或在同学间无端发泄,从而使攻击者成了无辜的"替罪羊"。

预防和应对挫折的好方法:

(1) 遇到挫折,要积极主动地寻求社会支持。比如在学习中遇到某个问题,怎么办?找人问,同学、老师、家长都能帮你。

(2) 自我激励法:把挫折、不幸当作上帝给予自己锻炼的机会,"天将降大任于斯人也,必先苦其心志,劳其筋骨,饿其体肤",世界上凡是成功之人,有谁没有经历波折、痛苦,面对这些小小的困难,要自我激励。

不经历风雨怎能见彩虹,挫折虽然使人内心痛苦,情绪紊乱,行为偏差,但它能够引导我们不断提高认识能力,增长才干。法国大文豪巴尔扎克曾经说过:"世界上的事永远不是绝对的,结果完全因人而异,挫折对于天才是一块垫脚石,对于能干的人是一笔财富,对于弱者是一个万丈深渊。"鲁迅也曾经说过:"伟大的心胸应该表现出这样的气概——用笑脸来迎接悲惨的厄运,用百倍的勇气来应付一切的不幸。"

名人名言说明一个道理:挫折,既能毁掉一个人,也能激励一个人,成就一番事业,其中的关键在于人如何对待它。遇到挫折后,自我逃避与自我防御均是消极的反应,我们提倡积极地面对挫折,即将挫折变成动力,在挫折中不断增强自己的心理承受力。

【不妨试试的心理调节小策略】

(1) 当感觉要发脾气时,赶快提醒自己:现在我应该控制一下自己的情绪了。

(2) 当你遇到不可避免要生气的情景时,不妨试试延缓10秒钟再爆发。

(3) 应慎重考虑,你将使用的手段会给你带来什么后果,要避免冲动行事。

(4) 不要强迫自己去喜欢那些你实在不以为然的事,你可以不喜欢它,但不必非生气不可。

(5) 要随时提醒自己:别人有权选择他自己的事,就像你有权坚持自己的选择一样。

(6) 找一个你信得过的人帮助你,请他在你失去控制时及时提醒你。

(7) 要对你生气的缘由始末,做一番认真的反省。

(8) 在你头脑冷静的时候,跟最常挨你骂的人恳切地谈一谈。

小测试:【人际交往能力自测问卷】

这份能力自测表,共包括30道题,你可按照自己的符合程度进行打分。符合者打5分,基本符合者打4分,难于判断者打3分,基本不符合者打2分,完全不符合者打1分,最后统计总得分。

1. 我上朋友家做客,首先要问有没有不熟悉的人出席,如有,我的热情度就明显下降。(   )

2. 我看见陌生人常常觉得无话可说。(   )

3. 在陌生的异性面前,我常感到手足无措。(   )

4. 我不喜欢在大庭广众面前讲话。(   )

5. 我的文字表达能力远比口头表达能力强。(   )

6. 在公共场合讲话,我不敢看听众的眼睛。(   )

7. 我不喜欢广交朋友。(   )

8. 我的要好朋友很少。(   )

9. 我只喜欢与同我谈得拢的人接近。（　　）
10. 到一个新环境，我可以接连好几天不讲话。（　　）
11. 如果没有熟人在场，我感到很难找到彼此交谈的话题。（　　）
12. 如果在"主持会议"与"做会议记录"这两项工作中挑选一样，我肯定挑选后者。（　　）
13. 参加一次新的集会，我不会结识多少人。（　　）
14. 当别人请求我帮助而我无法满足对方要求时，我常常感到很难对人开口。（　　）
15. 不到不得以，我决不求助于人，这倒不是我个性好强，而是感到很难对人开口。（　　）
16. 我很少主动到同学、朋友家串门。（　　）
17. 我不习惯和别人聊天。（　　）
18. 领导、老师在场时，我讲话特别紧张。（　　）
19. 我不善于说服人，尽管有时我觉得很有道理。（　　）
20. 有人对我不友好时，我常常找不到适当的对策。（　　）
21. 我不知道怎样和妒忌我的人相处。（　　）
22. 我同别人的友谊发展，多数是别人采取主动态度。（　　）
23. 我最怕在社交场合中碰到令人尴尬的事。（　　）
24. 我不善于赞美别人，感到很难把话说得亲切自然。（　　）
25. 别人话中带刺揶揄我，除了生气外，我别无他法。（　　）
26. 我最怕做接待工作，同陌生人打交道。（　　）
27. 参加聚会，我总是坐在熟人旁边。（　　）
28. 我的朋友都是同我年龄相仿的。（　　）
29. 我几乎没有异性朋友。（　　）
30. 我不喜欢与地位比我高的人交往，我感到这种交往和拘束，很不自由。（　　）

计分与解释：

把你的得分相加即为本测验的总分。你的总分越高，你的社会交际能力越差；反之，你的总分越低，你的社交能力就越强。

如果你的总分大于120分，那么你的社交能力存在很大的问题，你不太善于交往或你不喜欢社交，社交对于你来说是件痛苦或害怕的事。你在社交场合，习惯于退却、逃避，你对自己的社交能力没有信心，你还没学会如何与别人尤其是陌生人打交道。为此，你要走出自我封闭的圈子，尝试去与人交往，不怕失败和尴尬，你会发现人际交往带给你的许多乐趣和益处。

如果你的总分在91~120分，你的社交能力还有待进一步提高，你对人际交往还有些拘谨。但你是可以交往的，如果你更大胆些，更多地注意培养自己的社交能力，那么你将会从社交活动中获得更大的快乐和成功。

如果你的总分在 70~90 分，你的社交能力尚可。

如果你的总分低于 70 分，那么，你是一个善于社交的人，你喜欢交往，能从社交中获得快乐和收获。你能与不同的人相处，能较快地适应环境。你的总分越低，你的社交能力就越强。

【训练与提高】

（1）你如果发现同学近期心理和行为有异常现象，你会怎么做？
（2）你如何正确处理好同学关系？
（3）如果你发现同学有自杀倾向时该怎么办？
（4）你如果遇到心理有压力时如何宣泄呢？
（5）如果你发现身边有同性恋倾向的同学时该怎么办？

第8章 校园网络安全

【案例导读】

案例一：

被害人F是某学校大二的女学生，平时喜欢上网，玩游戏。20××年1月15日凌晨，F在网吧通宵上网时与一名男性网友D聊得很投机。鉴于二人在同一网吧上网，该男网友多次要求与F见面，并答应给其买零食吃。1月15日上午11时40分左右，F与该网友见面后，被其强行带至该网吧的VIP包房内。到包房后该男网友将房门反锁，先对F进行猥亵，在F呼救时，D用手打F的脸，并持刀威胁其不许喊叫，后将F强奸。被害人报案后，D于20××年3月3日被抓获归案。

案例二：

某学校的应届毕业生小H在网上求职上当受骗。20××年5月26日，小H和同宿舍同学上网，在某地人才网上看到，某集团有限公司招聘，她便发了一封E-mail求职。不一会对方就回信称小H已被录用为该公司文员。当日小H接到该集团有限公司一位经理的电话，称下午面试，他次日要到外地出差。26日下午，小H来到某集团公司经理约见的某学校，该经理又打电话称在另一所学校，她便坐出租车又赶到另一所学校。他们在另一所学校附近的一家咖啡屋里谈了1个多小时，并要了两瓶啤酒和一瓶红酒。在谈话期间，这位自称 X 姓的经理说手机在办公室充电，要用她的手机给司机联系一下，开车接他。几分钟后，司机打来电话称已到门口，这位经理顺势将小 H 的手机带走，等小胡明白后，知道自己上当受骗了，而且在此所消费的食品还需她来"埋单"。随后，她向派出所报了案。

上述案例告诉我们，作为"第四媒体"的网络，为人们学习知识、获取信息、交流思想、休闲娱乐提供了一个多姿多彩的平台。然而，由于学生特别是女生没有自我保护意识，容易陷入各种网络陷阱，给多彩的学生生活留下了悔恨。

随着网络信息技术的快速发展，上网已经变得非常普遍。但是由于系统漏洞、黑客入侵、网络病毒泛滥、用户安全意识淡薄等多方原因，网络世界并不太平。据报道，68%的未成年人犯罪与网吧有关。学生因迷恋网络而耽误学业、离家出走、甚至抢劫等负面事件也屡见报道。

8.1 "网络陷阱"辨识

8.1.1 网络上的十二种陷阱

陷阱一：电脑刷卡

"电脑刷卡陷阱"是指利用电脑手段窃取他人卡号实施犯罪。一位学生在一家电脑商店购物，在用信用卡付款时，发现年轻的女收银员故意拖延时间，并趁他不注意，迅速在另外一台手提电脑上将他的卡刷了一遍。头脑敏锐的学生立刻感觉出有问题。他很快将此事告诉了管理人员。经现场验查，另外一台手提电脑系小型刷卡机，可以存储上千个信用卡号码。

陷阱二：网上炒股

网上"股票陷阱"是指在网上发布虚假信息，哄抬股价使人上当，自己借机赚钱的一种网上陷阱。

陷阱三：网上交友

21岁的男学生在网上与一名年轻美貌女子相识，女孩儿还传给他一幅性感十足的全身照。四个月后，男学生迫不及待地乘上飞机，去与网上情人相见。敲开美女的房门后，男学生惊得险些昏过去，原来自称美女的人竟是一个年近七旬满面深布皱纹的老妇。

陷阱四：网上求职

利用网上征职之便进行色骗是网上许多骗子的惯招。

陷阱五：网上链接

"网上链接陷阱"是国内的上网者在网上常常遇到的一种"网上陷阱"。

陷阱六：网上饼干

利用某种程序盗窃用户资料以进行破坏与控制用户，因为这种暗中搜集用户资料的程序叫"饼干程序（cookies）"，所以又叫"饼干陷阱"。饼干程序主要是收集用户浏览资料，分析用户的行为和习惯，以达到掌握用户信息的目的。

陷阱七：网络老鼠会

有点像目前社会上的"老鼠会"一类的组织设置的网上陷阱。具体做法是以直销为名，变相吸收和发展老鼠会员，用上当者不易察觉的方式非法吸取会员金钱。

陷阱八：二手货交易

一般是指在二手货交易中卖方设下的陷阱，吃亏的总是付款者。

陷阱九：网上竞拍

此种骗术的主要秘密在于找"托儿"或者自己哄抬拍品价格，以诱人上当，高价将拍品买走。

陷阱十：邮件行骗

网上"幸运邮件陷阱"的制造者常常转换地点在网上发出无数的电子邮件，信中说："阁下收到的是'幸运邮件'，只要您按照信中的地址寄出小额幸运款，幸运则会降临，您将收到数以万元计的汇款，如果您有意失去这次机会，噩运将会长久地追随……云云。"如果你真信了这套胡诌，把钱寄了出去，那么你等到的将是无休止的后悔。

陷阱十一：免费赠品

一种冠以"免费赠品"美名的网上陷阱。①施骗者先是设法搞到被骗者的电子邮件地址；②发去一封"中奖喜报"或"幸运免费赠品"喜报，报告您中了某某大奖或幸运之星降临，奖品或免费赠品是电脑或打印机，请于某月某日将运费多少汇往某地，过期即被视为弃权。说得煞有介事，不由你不信。于是很多"中奖者"或"幸运者"把运费汇出，可是等来的却是杳无音信。

陷阱十二：手机报复

一种秘密地在网上公布与己结怨者的手机号码，以实施报复的"网上陷阱"。有些人非法地将他人的手机号码在网上公布。

8.1.2 网络安全的违法犯罪行为及攻击手段

（1）窃听。
（2）越权存取。
（3）黑客。
（4）计算机病毒。
（5）有害信息。
（6）互联网带来的新安全问题。

8.1.3 学生上网安全策略

互联网是一把双刃利剑：一方面为日常生活带来便利，另一方面又为黑客入侵电脑系统开放更多渠道。作为青年学生要做好网络安全的防范工作应做到以下9个方面：

（1）采用匿名方式浏览，因为许多网站利用 cookies 跟踪网友的互联网活动，从而确定网友喜好。你可以在使用浏览器时关闭电脑接收 cookies 的选项，避免受到 cookies 的追踪。

（2）进行任何网上交易或发送电邮前，切记阅读网站的隐私保护政策，因为有些网站会将你的个人资料卖给第三方。

（3）安装个人防火墙，以防止个人资料和财务数据被窃取。及时升级是非常重要的一环，否则防火墙的作用就没有被完全发挥，被攻击的可能性依然很大。

（4）在网上购物时，确保已采用安全的链接方式。可以通过查看浏览器上方的闭锁图标（closed lock icon），以确定链接是否安全。

（5）黑客有时会假装成互联网服务供应商的代表，并询问你的密码及个人资料，谨记上网时不要向任何人透露这些资料。

（6）经常更改你的密码，使用包含字母、数字及符号的八位数以上的密码，从而干扰黑客利用软件程序来搜寻最常用的密码。

（7）在不需要文件和打印共享时，关闭这些功能。文件和打印共享功能虽然非常有用，但也会暴露你的电脑给予寻找安全漏洞的黑客。黑客一旦进入个人电脑，便能窃取隐私资料。

（8）不要打开来自陌生人的电子邮件附件。这些附件可能包含有特洛伊木马程序，该程序让黑客长驱直入电脑文档，甚至控制外设，有些黑客甚至能潜入互联网照相机（web camera）进行监视。此外，你还应当安装一个防病毒程序的软件，保护电脑免受病毒、特洛伊木马程序和蠕虫的侵害。

（9）可以利用网络安全公司的实时检查。例如使用设于 Symantec 网站的 security check 功能，以确定电脑是否备有防护电脑病毒和恶意代码的能力。此功能还可以扫描电脑，寻找安全漏洞和病毒，并将扫描结果与其他已经扫描的系统做比较。迄今为止，已经有超过 300 万的用户浏览过这个网站，推荐使用。

【友情提示】 如何谨防上网陷阱

（1）不要说出自己的真实姓名、家庭地址、电话号码、学校名称等信息。
（2）不与网友会面。
（3）如非见面不可，要有同学陪同，并且去人多的地方。
（4）不要轻信对方的言语。
（5）对谈话低俗的网友，不要反驳或回答，以沉默的方式对待。

8.2 网络安全防范须知

【案例导读】

案例：

"我的数据全没了！""我的桌面怎么全空了？"20××年8月29日晚10时左右，一片惊呼声从某大学城校区的宿舍中传出来。有学生随后报警称，遭到了不明身份的"黑客"袭击，警方随即派人前往调查。

据一名"中圈套"的学生介绍，当时，桌面首先弹出一个校园网登录客户端，按照惯例，他点击了确定键，这时怪事出现了，电脑屏幕上弹出一个十秒倒计时关机重启的对话框，电脑重启之后，出现了两个账户：第一个账户名叫"GWHACK TEAM"，第二个叫"we can do anything"。点击第一个账户的学生发现，自己桌面的文件全部"消失"，点击第二个账户的学生则发现，此账户设有密码，无法进入。

当晚11时许，该校学生就把"罪魁祸首"人肉搜索出来，原来这名"黑客"是某学校大三学生H。

30日，广外官方网站发布公告称：29日晚，大学城校区校园网发生大规模网络异常，部分上网用户被强制关机。经教育技术中心调查，初步认定是一次利用系统溢出漏洞进行的病毒攻击行为，造成的影响主要是修改、隐藏用户电脑的管理员信息。

30日下午，某晚报记者在D辅导员的陪同下，找到了H。他惭愧地表示，因为对网络信息安全方面的知识比较感兴趣，所以选择在程序比较简单的校园网登录端口程序中做实验，以证明自己能够越过校园网端口远程控制其他用户。但是在操作过程中，输漏了一条指令，导致程序进入了死循环。

何某说，当时他没有发现这个失误，听到周围宿舍的同学大声议论电脑中毒的时候，还感到很有成就感，后来发现已经无法控制这个程序了，马上向辅导员和学院领导承认错误。随后，又通过微博向全校同学表示道歉。

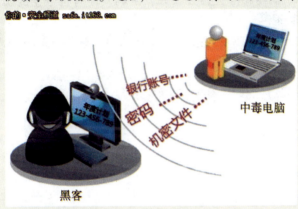

通常影响到校园网用户的网络安全事件主要有：校内网络病毒泛滥造成核心网络设备过载宕机，对校园网络基础应用和核心应用服务器（如DNS、E-mail服务器等）、核心网络设备、边界网络设备的攻击造成相关服务停止等。

安全与不安全总是相对的，网络安全是一个系统的工程，不能仅仅依靠防火墙、杀毒软件等单个的系统，或某个人、某一部门的努力就能解决，而需要仔细考虑系统的安全需求，并将各种安全技术结合在一起，构成一个全面完整的体系，并配套严格的管理措施，在校园网诸用户的共同努力下，才能建立一个高效、稳定、安全的网络系统。

【你知道吗？】计算机信息系统安全保护制度

1. 计算机信息系统的建设和应用，应当遵守法律、行政法规和国家其他有关规定。
2. 计算机信息系统实行安全等级保护。
3. 计算机机房应当符合国家标准和国家有关规定。在计算机机房附近施工，不得危害计算机信息系统的安全。

4. 进行国际联网的计算机信息系统，由计算机信息系统的使用单位报省级以上人民政府公安机关备案。

5. 运输、携带、邮寄计算机信息媒体进出境的，应当如实向海关申报。

6. 计算机信息系统的使用单位应当建立健全安全管理制度，负责本单位计算机信息系统的安全保护工作。

7. 对计算机信息系统中发生的案件，有关使用单位应当在24小时内向当地县级以上人民政府公安机关报告。

8. 对计算机病毒和危害社会公共安全的其他有害数据的防治研究工作，由公安部归口管理。

9. 对国家计算机信息系统安全专用产品的销售实行许可证制度。

8.2.1 网络用户不得利用互联网从事以下活动

（1）违反国家法律法规规定的信息；
（2）危害国家安全，泄露国家秘密；
（3）损害国家荣誉和利益的；
（4）破坏民族团结的；
（5）破坏国家宗教政策，宣扬邪教和愚昧迷信的；
（6）散布谣言，扰乱社会秩序，破坏社会稳定的；
（7）散布淫秽、色情、赌博、暴力、凶杀、恐怖或者教唆犯罪的；
（8）侮辱或者诽谤他人，侵害他人合法权益的；
（9）法律、行政法规禁止的其他内容。

8.2.2 危害计算机信息网络安全的活动

任何单位和个人不得从事下列危害计算机信息网络安全的活动：
（1）未经允许，进入计算机信息网络或者使用计算机信息网络资源的；
（2）未经允许，对计算机信息网络功能进行删除、修改或者增加的；
（3）未经允许，对计算机信息网络中存储、处理或者传输的数据和应用程序进行删除、修改或者增加的；
（4）故意制作、传播计算机病毒等破坏性程序的；
（5）其他危害计算机信息网络安全的。

8.2.3 校园网络安全使用须知

（1）学校对使用校园网的学生实行账号管理。一人一个账号，用户负责本人账号、口令管理，并承担本人账号产生的经济及法律后果，不得转让或偷盗他人账号。

（2）校园网所有用户在上网过程中，应该遵守网络礼仪和道德规范，不得通过使用校园网从事危害公共安全、损害公众利益、侵害他人正当权益、窃取或泄露他人秘密以及有损道德规范的活动，也不得通过校园网查阅、复制或在网上发布、传播含有上述内容的信息。

（3）积极防范和查杀计算机病毒，不恶意扫描网络端口或发送邮件炸弹；不盗用他人系统账号，非法进入任何未经授权的计算机网络系统从事危害网络安全的行为。

（4）发现危害计算机网络信息安全的人和事应及时制止，或向公安机关、网络中心和学校职能部门反映和报告，并为有关部门调查取证提供协助。

（5）对自己使用计算机网络行为所产生的后果承担相应的责任。

（6）严格控制U盘等移动存储介质使用，对于U盘应做到定期查杀病毒，宿舍电脑尽量少使用U盘等移动存储介质，文件可通过邮件或网络硬盘等方式进行传输备份。

8.3 常见病毒类型和查杀方法

8.3.1 常见的几种 autorun 类病毒查杀方法

现在使用移动存储工具的人群比较多，比如U盘、移动硬盘、MP3等。方便的同时就会存在危机。autorun病毒是十分常见的病毒之一，因此介绍几种十分简单的删除autorun病毒方法。

首先中毒后的症状是：每个盘符下生成隐藏文件 autorun.inf、autorun.exe；除系统盘外其他盘双击盘符打不开，右键单击打开菜单会出现auto或自动播放选项。如果发现以上症状，那么就基本可以确定你中了autorun一类的病毒了。但是如果是在放入光盘后才出现的，那就属于正常，请不要多想。

病毒的触发方法：

平时用户都是双击打开磁盘，病毒正是利用了这一点，在注册表中关于盘符的那一项，新加了两个键值 shell command，然后你双击打开盘符的时候病毒就会先启动，然后再打开磁盘，有的时候是双击没有反应，只能用右键打开。重装系统，照样还是会中毒的。

下面是此类病毒的通用查杀方法，希望大家都能自己动手处理。

首先就是做系统的时候，就一定要做到下面两点：

（1）修改组策略，关闭自动播放运行→gpedit.msc→用户配置→系统→关闭自动播放→已启用→所有驱动器。

(2) 关掉自动播放所用到的一个服务运行→services.msc→Shell Hardware Detection 服务→启动类型→禁用。

以下是你确定电脑中毒以后要做的,先结束病毒的进程。

(1) 中毒以后查杀:修改注册表。

将此键值下所有带"+"的项依次展开,如有"command"的,或者是"shell"的,把下面的路径中的文件记下来,然后全部删除。默认所有的盘符中是没有"+"下的值的。

(2) 打开 cmd 进入你中毒的盘符,用 attrib 命令查看具有隐藏属性的文件。这些文件一般情况下都是带有 SHR 属性的,分别是系统、只读、隐藏属性。先输入"attrib – s – h – r 文件名",去掉文件附加的属性。这样你就会在根目录下面看到这些文件的原型,剩下就是删除这些垃圾了。Windows 下的操作方式也可以这样,打开文件夹选项,去掉系统中隐藏受保护的系统文件前的对钩,然后显示所有文件就可以了。

对于强一点的毒,你可用 unlocker1.85 删除。经过以上几步,你基本上就可以搞定 auto 病毒了。最后还要把注册表启动项中关于病毒的相关键值删除!现在针对这类病毒,网上有些自动专杀工具,也可以下载下来,断网进安全模式进行查杀。

8.3.2 CAD 常见病毒查杀

AutoCAD 是一种常用软件,但用户大多为病毒所困扰,只要你的 CAD 程序安装正常的步骤不能操作,一般就要考虑是不是中毒了,CAD 病毒与系统病毒等有一定的区别,日常的杀毒软件,如 360 杀毒、小红伞、大蜘蛛、瑞星、卡巴斯基等都不能完全扫描出或者清除 CAD 特有的病毒,此类病毒必须使用专门的病毒查杀程序来查找和清除。

步骤/方法

(1) 搜索下载 CAD 病毒专杀和 vlx 病毒清除工具,以下提供两个下载地址供参考:

CAD 病毒专杀 1.85 下载地址:http://www.onlinedown.net/soft/90844.htm

vlx 病毒清除工具 acadvlx-cleanV2.exe 下载地址:http://ishare.iask.sina.com.cn/f/12752533.html

(2) 关闭 CAD 进程,运行 acadvlx – clean。

如果已经关闭了 CAD,按照提示输入 Y 并回车继续,之后按照提示根据需要输入 Y、N 或者直接回车,进行杀毒。

按任意键自动退出程序,vlx 类病毒查杀完毕。

(3) 运行 CAD 病毒专杀工具,按开始按钮开始全盘扫描,查杀完毕后按取消按钮,否则,浏览器主页将被修改。看一下说明的文字,病毒文件被加上了 bak 后缀,而不是被清除!因为 bak 是一种备份文件,并非 CAD 专有,所以,务必再执行一次全盘扫描,使得病毒文件再被加一次 bak 后缀,然后关闭 CAD 病毒专杀程序。

(4)打开"我的电脑",搜索所有文件和文件夹,并勾选搜索高级选项里面的"包含隐藏的文件",关键词为"*.bak.bak"。

搜索完毕后,将搜索出的文件全部删除,这样计算机内的 CAD 病毒就清除了,一般情况下 CAD 就会恢复正常。如果 CAD 被破坏得太严重,查杀结束没有恢复,就需要到控制面板修复安装一下 CAD 程序。

【安全专家提醒】

1. 下载小程序的时候务必阅读下载网站的下载说明,以免误点广告或者其他程序的下载链接。

2. 运行小程序之前务必确保 CAD 已经保存并关闭,否则,小程序会强制关闭 CAD,造成未保存的内容丢失或者图形损坏。

3. 运行小程序的时候务必认真阅读提示文字,以免误操作或者被误导下载安装程序,更改浏览器设置等,这些小程序是网友开发的,虽然免费提供,其中却捆绑了广告,运行的时候注意防范。

4. 进行全盘搜索的时候务必勾选搜索高级选项下的搜索隐藏的文件和文件夹,因为多数病毒都是隐藏文件。

8.4 新媒体新载体安全使用须知

【案例导读】

案例一:

某高校大一新生小梁曾每天在微信朋友圈推广一个关于香奈儿、古驰等大品牌的推广链接,然后上家会给他 30 元的红包。他现在已经发了一星期,每天都会收到 30 元,感觉还算稳定,不像是骗人的。推荐一个人加入有 80 元的提成。第一天,做完任务,晚上七点左右的时间。群主就发了 30 元的红包给小梁,他心里感觉没有上当受骗。到了第二天,因为刚好是父亲节,群里发通知说，因为父亲节搞活动，每人交298元可以升级为超级会员，每天将会有60元的收益，而且当天新入会的会员只需要交458元就可以直接享受超级会员的待遇。他也没考虑太多，直接升级成了超级会员，而且还介绍他的亲戚朋友，一共有5人左右全部升级成了超级会员。当天晚上，大家做完任务，还像平时一样在群里等着群主发每天的红包收益，没想到七点左右的时候微信群提示被解散了，所有人都被退出了微信群。

案例二：

警方接事主黄某（男，某高校大三男生）报案，称其于2017年4月×日零时许，在平常使用手机QQ软件添加一个QQ昵称名为"手游充值中心"的账号办理充值游戏点券，并将游戏账号密码及微信密码提供给对方，随后其根据对方指示将手机收到的验证码发送了给对方。1小时后，事主发现充值的游戏点券没有到账，而且对方将他的QQ和微信都删了，随后发现自己的支付宝账号被人在蚂蚁借呗平台贷款了10 389元。发觉被骗后，黄某立即报了案。

上述诈骗案件是可以控制的。造成大学生被骗的主要原因还是因为大学生社会经验少、思想单纯、防范意识差，对QQ、微信、微博等新媒体及新载体的安全使用事项不了解而造成的。问卷调查显示：当代青少年的社交网络空间安全素养、网络道德法律素养等严重不足，亟待进一步加强这方面的教育，构建一个清朗和谐的网络空间环境。

8.4.1 预防风险

QQ、微信等新载体的安全隐患绝大部分并不是来源于黑客攻击与肆意窃取，往往只是一些传统诈骗、窃取行为的互联网化。根据瑞星所发布的《网民隐私与社交网站安全报告》目前造成安全风险的六项主要途径为：

（1）通过钓鱼网站和软件引导用户填写E-mail、QQ、手机号码等；

（2）通过极具诱惑力的奖励措施、中奖、优惠等使用户泄露真实情况，窃取密码；

（3）用带病毒的QQ或微信链接窃取用户手机中的一切信息；

（4）使用大量AJAX技术，很容易产生XSS和CSRF攻击，使用户电脑中毒，网银账户失窃等；

（5）通过QQ群、微信群推送广告，诱骗用户进行注册从而获取信息；

（6）在QQ、微信聊天过程中，骗取用户信息。

针对QQ、微信中的防骗措施如下：

（1）遇到亲友在QQ、微信等网络即时通信工具上借钱，务必与亲友电话联系确认再转账汇款，防止上当受骗。

（2）网上购物时，一是网购时不要直接从银行给对方汇款，尽量使用支付宝、财付通等第三方支付平台进行担保支付；二是在登录淘宝、拍拍网等网购平台时一定要注意核实网站的域名是否正确，不要点击商家从 QQ、旺旺等即时通信工具上发送的支付链接，以防是钓鱼网页链接；三是不要告知陌生人银行卡和动态密码。

（3）一些学生利用课余时间上 QQ、微信等通信工具找兼职，通过刷信誉度返还本金和佣金、码字排版赚稿费，也许开始会成功，那也是"诱饵"。面对网络兼职，同学们一定要紧绷神经，对于需要提前支付所谓定金等涉及钱财的交易，更要提高警惕。

8.4.2 网络舆情的理性认知

网络舆情是指在互联网上流行的对社会问题不同看法的网络舆论。近年来，网络舆情对政治生活秩序和社会稳定的影响与日俱增。青少年学生正处于人生成长成熟的关键时期，易冲动、欠缺理性而且对网络空间中的法律法规没有深刻的认识，一旦看到社交网络报道、流传的各种不公平现象，就会及时跟帖、发表自己的主观言论，甚至引发网络暴力现象。调查表明，许多学生不了解网络舆情的相关法律法规，如《即时通信工具公众信息服务发展管理暂行规定》《互联网用户账号名称管理规定》《信息网络传播权保护条例》等有关规定。

校园网络舆情问题主要体现在以下两种：

（1）学生人际关系问题成为热议的话题，本来是日常生活中的细小矛盾，一旦上朋友圈、上 QQ 说说栏目，很可能就成为人际关系恶化的导火索，负面的情绪不断扩大。甚至，经过朋友圈的转发、议论，负面情绪多次被分享，形成了潜在的心理健康的极大隐患。

（2）学生对网络舆论事件格外关注，学生们借助论坛、贴吧、微信、微博等媒体发表自己的看法，表达个人的好奇、担忧、紧张、恐惧、厌恶、愤怒等各种情绪，这些情绪迅速在"圈子"群体中蔓延，情绪的相互传染特性发挥了巨大作用，部分人的情绪就被传染放大为整个群体的情绪。

学生应遵守相关的互联网规范，在使用 QQ、微信、微博等新媒体和新载体时，不污蔑、诽谤、恶意中伤、散布谣言等，这是行使权利时需要遵守的义务。任何单位或者个人不得散布谣言、扰乱社会秩序、破坏社会稳定；不得鼓动公众恶意评论他人、公开他人隐私或者通过暗示、影射等方式对他人进行人身攻击；不得公然侮辱他人或者捏造事实诽谤他人。

【阅读链接】

2013年以来,中央加大力度整治网络秩序,针对网络乱象,重拳出击,打击网络传谣者,如秦火火、薛蛮子、立二拆四等一批网络大V,同时部署开展青少年网上关爱行动等一系列重要举措,有效地清理了网络空间。根据最高人民法院、最高人民检察院2013年9月发布的《关于办理利用信息网络实施诽谤等刑事案件适用法律若干问题的解释》的规定,对同一被认定为诽谤信息的实际被点击、浏览次数达到5 000次以上,或者被转发次数达到五百次以上的行为可定罪。这一规定,有效地限制了"蝴蝶效应""维特效应"在互联网空间的影响。

8.4.3 不沉溺于新媒体及新载体

4G网络、WI-FI信号大覆盖的"互联网+"时代,上QQ、微信、微博成为"低头族"的一道风景线。调查表明,青少年学生84.7%使用智能手机,每天上网平均时间为4.23小时,接近每日课堂学习时间。QQ、微信、微博等使用已经深度融入他们的日常生活,有些学生晚上就寝时和早晨醒来时都会登录并浏览QQ、微信、微博等,或者在课堂和晚自习时间刷QQ空间、微信朋友圈和微博,他们是当代QQ、微信、微博使用者的主力军,"离不开社交网络,放不下智能手机"已经成为当代青少年学生的生活感受和生活状态。

【阅读链接】《全国青少年网络文明公约》

要善于网上学习	不浏览不良信息
要诚实友好交流	不侮辱欺诈他人
要增强自护意识	不随意约会网友
要维护网络安全	不破坏网络秩序
要有益身心健康	不沉溺虚拟时空

【友情提示】 预防QQ与微信中的美女诱"祸"

据警方透露,不法分子往往利用人们的猎奇心理,用美女的头像向微信用户发送添加好友信息。加为好友后,又发送一些具有诱惑性的链接地址,吸引用户点击。比如,有不法分子会发送如下内容:"嗨,你好!我是通过附近的人找到你的。这是我的QQ空间地址……里面有我和闺蜜的照片与联系方式,有兴趣交朋友的话可以在我的博客空间里留言，非诚勿扰。"这段话中，不法分子会发送一个链接地址。一旦事主好奇心痒，点开后就会看到一个仿冒的QQ空间图样，然后被要求输入用户名及密码。只要"登录成功"，事主QQ的账号和密码信息就会被发送到不法分子指定的地址。也就是说，这个时候，QQ已经被盗号了。

用户的QQ账号信息被不法分子掌握后，不法分子会利用这些QQ号登录其微信，发送虚假信息及相关钓鱼链接给所有好友。一旦好友中有人点击，也会面临账号密码被盗的威胁。同时，这个传播网会形成一个盗号的恶性循环，使被盗用户无意中成了犯罪集团的"帮凶"。

针对有微信账号被盗的情况，腾讯公司客服人员建议，微信或者QQ用户如果是无线上网，尽量使用公共Wi-Fi信号，不要轻信陌生的私人Wi-Fi信号。如果在网吧登录QQ，要防止别人盗取QQ号码，从而影响到个人微信账号安全。

【阅读链接】学生上网应恪守的法律法规

（一）遵守《中华人民共和国计算机信息系统安全保护条例》，禁止侵犯计算机软件著作权。

（二）任何组织或者个人不得利用计算机信息系统从事危害国家利益、集体利益和公民合法利益的活动，不得危害计算机信息系统的安全。

（三）计算机信息网络直接进行国际联网，必须使用国家提供的国际出入口信道。任何单位和个人不得自行建立或者使用其他信道进行国际联网。

（四）从事国际联网业务的单位和个人，应当遵守国家有关法律、法规，严格执行安全保密制度，不得利用国际联网从事危害国家安全、泄露国家秘密等违法犯罪活动，不得制作、查阅、复制和传播危害国家安全、妨碍社会治安的信息和淫秽色情等信息。

（五）任何组织或个人，不得利用计算机国际联网从事危害国家安全、泄露国家秘密等犯罪活动；不得利用计算机国家联网查阅、复制、制造和传播危害国家安全、妨碍社会治安和淫秽色情的信息。

（六）任何组织或个人，不得利用计算机国际联网从事危害他人信息系统和网络安全，侵犯他人合法权益的活动。

（七）国际联网用户应当服从接入单位的管理，遵守用户守则；不得擅自进入未经许可的计算机系统，篡改他人信息；不得在网络上散发恶意信息，冒用他人名义发出信息，侵犯他人隐私；不得制造、传播计算机病毒及从事其他侵犯网络和他人合法权益的活动。

（八）任何单位和个人发现计算机信息系统泄密后，应及时采取补救措施，并按有关规定及时向上级报告。

【训练与提高】

(1) 你喜欢上网玩游戏吗？玩什么类型的游戏？常通宵玩游戏吗？

(2) 你经常上网购物吗？你了解钓鱼网吗？使用网络你懂得如何保护个人信息，防止被骗吗？

(3) 你会在网上随意交友吗？知道其危害吗？网上低价优惠或免费赠品你相信吗？

(4) 上网用户不得利用互联网制作、复制、查阅、发布、传播含有哪些内容的信息？

(5) 你会使用防病毒软件吗？能够进行简单的电脑安全维护吗？

(6) 如果电脑在使用过程中出现异常，你该怎么办？

(7) 使用QQ、微信等新载体的安全隐患有哪些？

(8) 针对QQ、微信中的防骗措施有哪些？

(9) 如何不沉溺于QQ、微信等社交工具？

第9章 女生安全须知

【案例导读】

案例一：男子谎称招聘兼职诱骗强奸多名女大学生

对于在校大学生L某而言，本想找个兼职挣点钱，不料掉入色魔预设的陷阱。

S某几年前因强奸罪被判刑4年，20××年6月刚刑满出狱。8月中旬的一天，S某骑着电动车，来到某校园。瞄准一名瘦弱的女大学生后，S某赶忙靠近问："同学，做兼职不？"大学生L某见S某穿着工装，手里还拿着一沓《兼职申请表》，警惕心便少了一半，随后问到"兼职做什么啊？"S某见她有兴趣，立马回答："就是简单的记账，公司账目核算一下就可以，每天80元。"L想了想，觉得薪水很高，便答应下来。随后，她坐着S某的电动车到S某的出租屋内。刚一进门，S某便将门反锁，原形毕露。几个多小时后，趁S某不备，L某逃离了魔窟，并报警。

8月21日，S某归案后，警方发现，至少有3名在校或刚毕业的大学生遭到了S某的侵犯。S某说："在校女大学生都年轻、漂亮，而且想兼职挣点外快，而刚毕业的大学生都是急于找工作，更容易相信人。"短短两个月间，S某以招聘兼职为名，私自印制了多份宣传单，张贴在学校的布告栏内，并留下了自己的电话号码。与此同时，他还经常骑着电动车在校园里溜达，遇见看起来相对文弱的女生，便上前搭讪。"我报的薪水比较高，女大学生很容易心动。"S某说，只要女孩上了他的电动车，他便想尽一切办法把女生骗到出租屋内，然后威逼利诱，实施强奸。

"其实S某身上有很多破绽，上当的女生太缺乏警惕心了。"办案民警介绍说，一般来讲，企业招聘都有着一定的程序，不可能派人用电动车接送求职者。"哪怕多一点警惕心，她们就不会上当。"民警提醒说，如果觉得情况不对，应马上采取行动，要么求助于身边的老师、朋友，要么直接打电话报警，不给违法犯罪分子可乘之机。

案例二：花季少女遭轮奸

20××年1月16日，被告人C某、H某、K某在某市一网吧上网后，欲在该市某学校借宿，3人行至一学校门口时见大门已锁，遂翻墙入该校一楼男生宿舍，劫钱未果。C某提议到二楼女生宿舍抢钱，顺便对女生实施奸淫，H某、K某二人均表示同意。C某即用手机照明，3人窜至二楼女生宿舍窗前，将该宿舍玻璃敲碎，又用铁锨伸进窗户内将门敲开。闯入宿舍后，3被告人抢劫W某等5名被害人现金30元。而后，K某、C某先后对女生W某实施轮奸，C某又欲奸淫女生L某，遭强烈反抗未果。其间，C某站在上铺往下铺撒尿，用手机放音乐，并将暖瓶内的水倒在一女生脸上，威胁一名女生连续开关室内电灯，三被告人还在女生宿舍的黑板上书写侮辱教师的文字。实施抢劫、轮奸犯罪后，3人又到一楼男生宿舍，之后再次窜至该女生宿舍，威胁被害人不准报警，并每人搂抱一名女生睡觉，至次日凌晨5时许离开。

被告人深夜入室强奸、轮奸女学生，情节严重，并造成3名被害人无法在该校就读。

女生在求学阶段是一个从幼稚走向成熟的过渡期，其心理处于极不稳定的状态，为了提高女生的正确认知，帮助女生顺利渡过学习时期，本章介绍一些常用的关于女生身心健康成长的安全知识，同时告诫女生：要自珍自己，提高自我保护意识。

9.1 珍爱自己，健康成长

在学习成长的关键时期，很多女生会遇到许多烦恼，感到困惑、迷惘；女生可能会遇到这样或那样的问题，让自己不快乐。如果你懂得珍爱自己，健康成长，那么许多烦恼和问题就会迎刃而解。

9.1.1 女学生的成长烦恼

（1）发现自己长相平平，成绩平平，没有什么值得骄傲的方面，便开始自卑，感觉生活没有动力。

女孩子的天性都非常在意自己的外在相貌。经问卷调查，其中一项是"你对自己的相貌的满意度"的测试，答案选项：A. 非常漂亮；B. 一般漂亮；C. 普普通通；D. 很丑。结果95%的女生都选择了普普通通。

对于女生来说，对自己外在形象的满意度其实就是自信度的一个重要体现，要想让自己的外在形象在天然的基础上有所改观，我们就要努力增加自己的附加值，这附加值包括你在各方面的能力，有学习能力；人际交往能力；一项拿得出手的特长，不仅仅是绘画、舞蹈、朗诵、主持、唱歌等，还有组织管理能力、理解他人的能力、语言表达能力、写作能力等。

（2）身为女孩子，总是被羞涩的感觉所困扰，一当众说话就紧张得不得了，根本发挥不出自己的应有水平。

好多女生，当自我意识蓬勃发展了之后，就多了一份羞涩，不愿当众多说话，甚至是在课上回答问题、朗读课文也扭扭捏捏。为什么会这样呢？可能认为这就是女孩子的天性。

其实，并不是这样的。这是我们长期形成的一种错误认识，就像有的人说的，上了高中之后，女孩子的学习不如男孩子了，女孩子的智商总体上低于男孩子。其实，这都是错误的观念。我们首先在心理上不要太在意，表现不好只是暂时的，谁也不是一开始就做得那么完美，不要苛求自己。多阅读，多留心，多学习，让自己的视野开阔起来，让自己的思维灵活起来，让自己的知识储备更加丰富起来，自然自信心也就越强了。

（3）感觉同性之间的交往磕磕绊绊，较少如愿，总感觉被他人左右，使自己的心绪起伏较大。

许多女孩子都反映过这样一个问题，为什么我们女孩子之间不那么好相处呢？特别是在同一个宿舍里的姐妹，有时竟然会形同陌路，甚至会变成仇敌。另外，当与那些非常有个性的女孩子相处时，感觉非常的压抑。难道真的是同性相斥吗？

之所以有这种情况发生，是因为我们对他人的评价不客观造成的。在女孩子之间的交往中，嫉妒的成分占很大的比例，而互相欣赏的成分并不多，所以交往起来就会吹毛求疵。

（4）学习成绩不如意，即便努力，却不见成效，在学习中没有动力。

学习成绩不理想有很多原因。有学习基础的问题，有学习习惯的问题，有学习时间付出的问题，有上课听讲效率的问题，有作业作答的效率问题等。可以这样说，许多女孩子在初中时代都是班上的佼佼者，但是，到了高中、大学阶段，却发现自己的成绩排名再也不像以前那样靠前了，所以感觉到了失落，还有的学生因为不能尽快适应学习，无法考出以前的分数，而感觉到了不能适应。

怎样使自己快乐起来

（1）伤心的时候找个信任的朋友诉说一下，不要一个人默默承受，这只会增添寂寞感与忧伤。

（2）记住你喜欢的人的生日，包括你的家人，当然，还有自己。生日没有人送礼物也无所谓，你可以买精美的礼物，送给妈妈和爸爸。

（3）闲下来的时候，放一段柔情音乐，翻阅几页好书，然后睡个懒觉。心情不好的时候，也可以睡一觉。

（4）不要太在意一些人，太在乎一些事，顺其自然，以最佳心态面对，因为这世界就是这么不公平,往往在最在乎的事物面前我们最没有价值。

(5) 不要为了任何人、任何事折磨自己。比如不吃饭、哭泣、自闭、抑郁,这些都是傻瓜才做的事。当然,偶尔傻一下有必要,人生不必时时聪明。

(6) 任何情况下,背后不说他人是非。如果一定要你说,说好话。多个朋友是好事,即使不是很要好的,总比因为自己说话不慎重不思考而多一个敌人要好得多。

(7) 允许偶尔看肥皂剧,但不可成为依赖。允许偶尔披头散发,但要注重场合。允许偶尔骂脏话,但只限在老友面前或者独自一人时,记得说过后要忘掉那些让你难过的事。

(8) 学会承受痛苦,自己调整心态。有些话,适合烂在心里,有些痛苦,适合无声无息地忘记。当经历过,你成长了,自己知道就好。很多改变,不需要你自己说,别人会看得到。

(9) 能不和人争吵尽量避免。一个发怒的人是很恐怖的,会因控制不了情绪变成疯子。忍耐,然后思索问题的根源,最后平静心态解决它。

(10) 不管和谁有了矛盾和别扭,解决的时间不要超过24小时,否则麻烦会更多。在可以接受的范围内,先道歉,让自己做做坏人不是坏事。

(11) 生活可以很复杂也可以很简单,我们不要总是活在忧伤和痛苦之中,爱自己多一点!不为一些不值得的事物而觉得生活总是那么的痛苦无助,人生的方向盘掌握在我们自己手里,告诉世界我们属于现在而不是过去。

9.2 女生恋爱与教育引导

【案例导读】

案例一:

某职校一年级女生,父母整天争吵,闹得家中没有安宁日子,于是她开始害怕回家,经常流连于各个网吧,找网友聊天、诉苦。终于找到了一个自己信得过的异性朋友。两人的家庭都有上述情况。经过一段时间的磨合,两人居然背着家人离家出走,不顾任何后果。

案例二:

在某职校上学的某女生,班上只有连同她在内的3个女孩没有男朋友,其他都找了男朋友。有的找的是高年级,有的找的是同班同学。该女生很伤心,学习静不下心来，经常照着镜子发呆。她怀疑自己是因为长得不够好看，所以男同学才没有追她。

上述案例告诉我们，女生恋爱现象较为普遍，特别是处于青年前期，生理上处于比较成熟的阶段，情感上已经产生了对异性向往爱慕的倾向。一旦陷入恋爱，就会沉湎在卿卿我我之中，荒芜学业，身心发展受到影响。

女生的恋爱问题，一直是学校教育中一个极为敏感的话题。家长闻之而变色，老师见之而痛心；对于处于青春期的少女们，在读书期间最好还是不要谈恋爱，不成熟的果子是青涩的，只有在合适的季节采摘才会甜蜜。

9.2.1 校园女生恋爱的原因

根据调查了解，以下女生容易陷入恋爱：

1. 性格外向、相貌出众的女生

性格外向的人大多敢作敢为，敢于触犯校规，不安分守己，有自认为心仪的对象，就会大胆追求，并且相貌出众的人，常常是大家追求的目标。

2. 喜爱文学、有文艺才华的女生

这些女生往往感情比较丰富，多愁善感，喜欢用书中、歌里的浪漫情节来类比自己的生活，效仿书中的主人公，追求所谓的理想的爱情。

3. 性格软弱、虚荣心强的女生

从小娇生惯养、依赖性强且虚荣心强的女生，大多是由于强烈的虚荣心，使她们乐意接受男孩子的殷勤、赞美以及小恩小惠，有的女生则是出于"攀比"心理去谈恋爱。

4. 学习成绩差的女生

这些学生常由于感觉被老师忽略，在学习上很少受到关心，无法把精力集中在学习上，对学习产生了厌恶心理，于是便把无处打发的精力和时间转向爱情，以弥补感情上的空虚。

5. 缺少家庭温暖和爱护的女生

由于父母感情破裂、离婚、受继父继母虐待，或父母双亡寄人篱下等原因而得不到家庭的温暖,生活在一个冷漠、压抑,甚至受辱的环境里,长期压抑的心理极易产生畸变,于是便热衷于寻找朋友,倾诉心中苦闷,而异性的抚慰正好可以弥补内心的缺失。

6. 孤单寂寞的女生

现在绝大部分女生是独生子女,尽管在家中是"小公主"的待遇,但是这主要是物质层面上的。到了青春期之后,很多女生很少与长辈心平气和地交流沟通,没有明确的学习目标,加上受到来自各方面的压力,此时如果发现有异性对自己稍加关心,就会控制不了自己的情感。

7. 对性的好奇心较强的女生

青春期的少男少女,早就具有了性意识,但传统的观念影响,加上现行教育在这方面的缺乏,书刊、电视、电影等众多媒体渲染爱情或色情的内容,是女生不正确恋爱的一个因素。

9.2.2 正确引导女生恋爱的对策

1. 从女生入手

(1) 教育女生树立远大理想与目标。

一个人,只有明确了自己的目标与追求,才会有奋斗的动力与毅力,才会心无旁骛。

(2) 教育女生正确对待与异性的交往。

要正确认识男女生正常的交往,男女生的交往是心理发展的结果。有志女生珍惜人生的"黄金时代",决不要虚掷光阴,尤其是"不要把夏秋时才能发生的景象硬拉到春天来描绘"。

(3) 教育女生多参加集体活动,分散独自喜欢一个异性的注意力,与异性单独交往时注意分寸。

通过参加有意义的集体活动,可以陶冶自己的情操,树立远大的理想,并能获得同学们的帮助和友谊。同时,这样做能分散你早恋的注意力,减轻你的烦恼,也能使你头脑冷静下来思考,淡化你对你喜欢的异性的强烈情感。

(4) 教育女生尊敬父母长辈,多与大人交流沟通,及时排遣不良情绪。

2. 从外部环境入手

(1) 营造宽松的教育氛围,让女生真正从"重负"之下解脱出来,使学校真正成为女生生活的乐园。

首先,学校要用爱来关注女生的情感世界,尊重女生的人格和合理需求。学校应及时开展各种有益于她们身心发展的活动来丰富学生的精神生活,提倡并鼓励男女同学正常交往,打破学生心目中对异性的神秘感,满足青春期女生对异性的心理需要;其次,学校应该加强素质教育,改变学校的课堂氛围,不搞题海战术,让女生从沉重的作业负担中走出来。教师与家长要密切配合并及时地联络,让其轻松愉快地上课，会学，愿学，教师要灵活运用现代教学技术，启动女生学习的内驱力，真正让课堂充满吸引力，让女生真心喜欢学校。

（2）学校配备心理健康教育咨询室。

应根据校情，配备专业老师担任心理咨询员，向女生提供较高质量的心理咨询，并针对青春期问题进行一些心理生理问题的讲座。让女生了解到学习好坏直接关系到自己的前途。因此，与其过早追求缺乏现实的浪漫爱情，不如扎扎实实地完成学业。

3. 家校携手，共同引导

女生的青春期也是叛逆心理最强的时期。对于谈恋爱，学校、家长越是反对，她们的态度就越坚决；越是禁止，就谈得越火热。鉴于这一点，学校应定期对家长进行子女青春期教育方法的培训。让家长明确教育子女的途径：关心孩子—尊重孩子—走进孩子—理解孩子—引导孩子，并加强与学校的联系，让女生平安度过青春期。在有条件的情况下，也可为家长开办一些与这一年龄段青少年交流的讨论会。让家长明白处于青春期的少女心理上有了异性交往的需求是一种正常现象，不能封杀，只能诱导，让子女能够与父母交心。

4. 清理文化市场，净化青年成长环境

执法机关应加强检查力度，突击、定期检查学校附近的营业场所，看看是否违背规定，偷偷向学生开放，彻底整治文化市场及校园周边环境，为女生提供洁净良好的学习生活环境。同时，学校应适时地开办一些青春期教育的讲座，为女生排疑解难，解决女生的心理问题，让她们能正确对待这类问题。不能一味沉陷，要以学习为主，引导她们积极参加丰富多彩的活动。通过教育使她们明白，青春期情感的烈马应该受到道德和理智之缰的控制。

9.3　女生安全必读

【案例导读】

案例一：

某学校一女生与一男生谈上恋爱并发生了性关系，后因发现男生性情暴躁、心胸狭窄，遂提出分手。男生死活不愿意，并以曾发生过性关系、拍下裸照相威胁，后来，该女生一直在悔恨和担惊受怕中生活。

案例二：

某学校一位女生M，在联谊会上与一名男生N相识。经过交谈，双方情

> 投意合，周六晚上，一起跳舞、打牌、喝酒，一直闹到深夜，喝得酩酊大醉。N男生心怀鬼胎主动送女生回校，实则住进了一家饭店的客房。这时，她才意识到不安全，要离开，但男生却已锁上了门……

9.3.1 性骚扰和性侵害

相对于男生而言，女生更应注意人身安全。如何避免外界的伤害，除了依赖亲人、朋友之外，更需要学会自我保护，因此女生一定要学会安全防范。

1. 性骚扰与性侵害

一般认为，只要是一方通过语言的或形体的有关性内容的侵犯或暗示，从而给另一方造成心理上的反感、压抑和恐慌的，都可构成性骚扰。性侵害，主要是指在性方面造成的对受害人的伤害。

性骚扰和性侵害的对象常以女性为多，是危害女生人身安全、影响其健康成长的主要问题之一。那么校园中性侵害的形式有哪些呢？

（1）暴力型性侵害。暴力型性侵害，是指犯罪分子使用暴力和野蛮的手段，如携带凶器威胁、劫持女同学，或以暴力威胁加之言语恐吓，从而对女同学实施强奸、轮奸或调戏、猥亵等。暴力侵害的主体比较复杂，有社会上的犯罪分子混入校园作案，也有校园内部人员混入女生宿舍或校园内偏僻处伺机作案；也有的是本以抢劫、盗窃为目的，见有机可乘或因受害人处置不当发展成强奸罪犯；还有的是因恋爱失败或单相思，走向极端，发展为暴力强奸。

（2）胁迫型性侵害。胁迫型性侵害，是指利用自己的权威、地位、职务之便，对有求于自己的受害人加以利诱或威胁，从而强迫受害人与其发生非暴力型的性行为。

（3）社交型性侵害。社交型性侵害是指在自己的生活圈子里发生的性侵害，与受害人约会的大多是熟人、同学、同乡，甚至是男朋友。社交型性侵害又被称作"熟人强奸""社交性强奸""沉默强奸""酒后强奸"等。受害人身心受到伤害以后，往往出于各种考虑而不敢加以揭发。

（4）诱惑型性侵害。诱惑型性侵害，是指利用受害人追求享乐、贪图钱财的心理，诱惑受害人而使其受到的性侵害。

（5）滋扰型性侵害。滋扰型性侵害的主要形式：一是利用靠近女生的机会，有意识地接触女生的胸部，摸捏其躯体和大腿等处，在公共汽车、商店等公共场所有意识地挤碰女生等；二是暴露生殖器等变态式性滋扰；三是向女生寻衅滋事、无理纠缠，用污言秽语进行挑逗，或做出下流举动对女生进行调戏、侮辱，甚至可能发展成为集体轮奸。

9.3.2 容易受到性侵害的女生

女生最易受到的攻击性犯罪中，一般以 16~29 岁的女性为主要攻击目标，女大学生多数年龄在 17~22 岁之间，成了犯罪分子性攻击的重点对象。从女生受到性伤害的实际情况来看，下面几种类型有：长相漂亮，打扮入时者；文静怯弱，胆小怕事者；作风轻浮，有性过错者；身处险境，孤立无援者；体质衰弱，无力自卫者；怀有隐私，易被要挟者；不加选择，乱交朋友者；贪图钱财，追求享受者；意志薄弱，难拒性诱惑者；精神空虚，无视法纪者。

9.3.3 女生容易受到性侵害的主要场所

校内：	校外：
（1）公共场所，如厕所、教室、礼堂、舞厅、溜冰场、宿舍、楼顶晒台、实验场所； （2）偏僻幽静处所，如空旷操场、池边湖畔、假山土坡、亭台水榭、树林深处； （3）偏僻小道、建筑物结合部、夹道小巷； （4）校园建设施工地，临时工棚等。	（1）树林内、旅游景点中偏僻或荒废之地； （2）车站、码头附近，大桥、立交桥下； （3）没有路灯的街道、楼边、小巷； （4）仓库、废弃厂房、建筑工地； （5）无人居住的小屋、陋室、茅棚； （6）影院、舞厅、酒吧等娱乐场所等。

9.3.4 女生容易受到性侵害的时间

虽然一年四季都可能遭受性骚扰、性侵害，但案发高峰则在 6~10 月，而这期间尤以 7~9 月（夏季）案发最为突出。夏天炎热，夜生活时间延长，外出机会增多。校园绿树成荫，犯罪分子容易找到作案场所，作案后也很容易藏身或逃脱。此外，这个季节女生衣着单薄，裸露的地方较多，曲线毕露，因而对异性的刺激增多。

增强防范性骚扰、性侵害的意识二十点

（1）不要早恋，尤其是千万不要因表示自己的忠诚和爱心而献出自己的青春。

（2）不要与不三不四的男性交往，以免受其直接的教唆和潜移默化的影响。

(3) 不要传看黄色、淫秽的书刊、画册、录像、VCD 等，特别是男性给予的。

(4) 不要与男性一起谈论涉及色情的笑话、趣闻等，如果是与单个男性在一起时更要杜绝。

(5) 与男性交往时，切勿饮酒，更不能过量。以防酒后失身。

(6) 不要轻易接受陌生人和他人的物品，即使是茶水、饮料也要警惕，防止蒙汗药失身失财。

(7) 若发现男性的挑逗、轻浮言行，要态度鲜明。及时斥责，设法摆脱，并适时报警救助。

(8) 有性过错被不轨男性发现后，切莫用发生不正当关系来"私了"。

(9) 对大献殷勤的男性要警惕，不要被他花言巧语和物质利益所迷惑。

(10) 当患病或有其他原因时，不要轻信神汉、巫婆或者有特异功能的人通过性行为、隐秘部位的抚摸进行所谓的治疗。

(11) 公共场所不宜穿过于暴露的衣服，也不要有轻浮的举止出现。

(12) 不要为追究金钱参与"三陪"等活动。

(13) 夜间不要单身去男教师、男同志、男同学等家中、宿舍或办公室，如果确有必要，要有人同行或者有所戒备，更不能在单身男性家过夜。

(14) 夜间不要与陌生男性同行，如发现有陌生男性尾随或跟踪时，要设法摆脱，报警救助。

(15) 女生夜间外出，衣着打扮必须适度，特别是不要穿不利于行走的高跟鞋和紧身裙。

(16) 不要随意搭乘男性的机动车辆，夜晚一般不要外出或单身乘出租车去郊外。

(17) 夜晚出门走路要选择有灯光处，以防有人从某角落出来袭击。

(18) 参加招聘时，不要让单个的男性进行所谓的体检。

(19) 掌握一定的防身技术，特别是能够通过与歹徒的斗智斗勇来防范性侵害。

(20) 一旦被辱，要尽力保存证据，及时报案，防止自己再次受害。

9.3.5 女生宿舍安全注意事项

第一，经常进行安全检查。如发现门窗损坏，及时报告学校有关部门修理。

第二，就寝时，要关好门窗，在天热时也不能例外，防止犯罪分子趁自己熟睡作案。

第三，夜间上厕所，如照明设备已坏，应带上电筒，上厕所前先仔细检查看一下。

第四，在公用洗澡间洗澡时，一定要先仔细检查，防止有不轨者偷窥或藏身作案。

第五，周末或节假日，其他同学回家，最好不要一个人独自住宿。

第六，夜间如有人敲门或敲窗，要问清是谁有何事。如发现有人想闯进来，全室同学要团结一致，并同校保卫处及时取得联系，还要准备可供搏斗的东西，做好齐心协力反抗的准备。

第七，无论一人或多人在宿舍，当犯罪分子侵害时，首先要保持冷静，做到临危不惧，遇事不乱。一方面通过电话求助，另一方面与犯罪分子做坚决的斗争。

养成检查门窗的好习惯

遇到不测，大声呼救

9.3.6 怎样摆脱与异性的纠纷

女生与异性的纠纷一般来自两个方面：一是单恋者的纠缠；二是提出中断恋爱关系后对方无法接受而苦苦纠缠。

摆脱与异性的纠纷，应注意以下几点：

第一，态度明朗。如果你并无谈恋爱的打算，对于单恋者的追求，你应明确拒绝，不留余地。如果是已经恋爱或曾经恋爱过的对象，你要冷静考虑有无重归于好的希望，如果没有，也要明确告诉对方，让对方打消念头。

第二，遵守恋爱道德，讲究文明礼貌。在拒绝对方的要求时，要讲明原因，耐心说服；要尊重对方的人格，不可嘲笑挖苦，更不能在别人面前揭露对方的隐私。如不要公开对方给你的情书，不要谈论对方曾经对你有某种非礼行为，等等。如果是中断恋爱关系，自己有责任的，也应主动承担责任。

第三，要正常相处，但要节制往来。恋爱不成，仍然可以是好同学、好朋友，不可结怨，更不可成为仇人、敌人。在交往中，最好要节制不必要的来往。

第四，遇到困难，要依靠组织。在你为对方做了思想工作以后，仍摆脱不了对方的纠缠，或者发现对方可能采取报复行为，要及时向辅导员或领导汇报，依靠组织妥善处理，防止发生意外。

行夜路要注意

夜晚或者灯光昏暗处，不宜单独行走，尽量请亲朋好友陪同

9.3.7 女大学生如何防止被拐骗

由于女大学生青春年少充满激情，思想幼稚，防范意识较差，客观上给犯罪分子以可乘之机。加之有的女生贪图虚荣，急功近利，使犯罪分子屡屡得逞。那我们应该如何预防此类事件的发生呢？

第一，提高防范意识，学会自我保护。正正当当做人，不有非分之想，让坏人无空可钻。

第二，学会辨别真假，提高识别能力。拐骗女生的犯罪分子，通常具备以下特点：一是名利诱惑，投你所好；二是假交朋友，暗藏祸心；三是花言巧语，能言善辩。对此，你要保持警惕。

第三，结伴而行，尽可能不要单独行动，与同学亲友保持联系。

9.3.8 怎样防止社交性强奸

由于现代社会思想开放，与外界的交往加密，提供了此类犯罪的客观条件，而涉世未深的女大学生尤其容易成为被攻击的目标。

社交性强奸的罪犯在实施犯罪前都是有计划安排的，常常利用机会或创造机会把正常的社交引向性犯罪。因此，女大学生必须留意以下危险迹象：他是否对你动手动脚；是否频繁地以性为话题，进行挑逗勾引；是否企图把你带到陌生的可以受他控制的环境（他的卧室、郊外、酒店等）或偏僻的角落。假如发

现有以上迹象,一定要保持警惕,想好退路,以便及时脱身。

女大学生学点防身术,对自我保护大有用处。遇到歹徒后,在与歹徒周旋的同时要记住歹徒的体貌特征,为警方的抓捕工作提供有利条件。

9.3.9 遇到性侵害怎么办?

(1) 当遇到性侵害时,首先要保持镇静,临危不惧。镇静不仅可以对犯罪分子起到威慑作用,还可以使你能仔细观察对方的举动和周围的环境,寻找呼救、报警和逃脱的机会。

(2) 要坚强,有信心,要与犯罪分子软磨硬泡,拖延时间,顽强周旋。

(3) 选择适当的时机和方式逃脱,注意利用日常用具防卫,如水果刀、剪刀、发卡、高跟鞋等。

(4) 运用法律。及时向公安机关报告,并提供证据和线索,协助公安部门侦查破案。

构筑思想防线

不要单独一人去在娱乐场所刚结识的人
(尤其是异性)家中做客

【拓展阅读】自我防卫知识

对犯罪分子的性攻击进行反抗自卫,是一种正当的防卫行为,受到国家法律的保护。自卫者首先要精神振作,树立必胜信心:

(1) 自卫者所面临的对手是性犯罪或流氓恶棍,对这种人是不能讲"文明行为"的。

(2) 你要不失时机地攻击其生殖器等要害部位,决不可羞羞答答、迟疑不决。

(3) 自卫者不必担心在自己反抗中给犯罪分子造成一定的伤害,法律规定,正常的防卫不负刑事责任,在反抗自卫中,所以要攻击犯罪分子的要害,一方面由于女性攻击力量不及男性，不采取攻击要害的方法难以达到自卫的目的；另一方面，只有击中犯罪分子的要害，才能制止其犯罪活动，为自己创造脱逃机会，保证自己不遭到侵害。

主要方法有：

（1）在与犯罪分子搏斗时，要设法咬破其暴露躯体的某一部位，如面部、手背。

（2）保留犯罪分子的血迹、精斑以及咬下、撕下的某一机体，如手指耳朵。

（3）拉取犯罪分子的头发、阴毛、衣片、纽扣等。

（4）故意让犯罪分子拉触光滑物体，如箱子、地板、玻璃台等，让犯罪分子留下指纹、掌印、足印、鞋印等。

（5）在犯罪分子的身上、衣服涂上颜料、油漆、油污，口袋内放进泥土、石块、杂物等，以留下证据。

【友情提示】 女生怎样做好生理健康防护

女性身体娇弱，要注意在公共浴室不乱放衣物；

清洗外阴、洗涤内裤后再洗脚；

不与其他人换穿衣服，尤其是内衣；

清洗阴部的盆子、毛巾一定要专用，毛巾要定期煮沸消毒；

患有手足癣的女生一定要早治疗，否则易引起霉菌性阴道炎；

夏季衣着过单时尽量避免在公共汽车上久坐；

不宜长时间使用卫生护垫；

不长期滥用抗生素和化学药物冲洗阴道，以防菌群失调引起霉菌性阴道炎，等等。

【拓展阅读】女生如何对付色狼

遭色狼侵袭是每位女生最大的噩梦，若不幸遇到此事时，一定要保持冷静、机警。

（1）大声喊叫，以引人注意，如喊"失火了"较能引起别人的注意。

（2）找最靠近你的明亮的地方，若无，则按就近民宅的门铃，请求协助。

（3）若身上带有口哨、电击棒或喷雾剂，则可以立刻吹响口哨或使用电击棒、喷雾剂来对付歹徒。

（4）若身上没有带武器，则身旁的石头、木棍都可以拿来当武器，攻击歹徒最脆弱的部位，并立刻脱逃。

【训练与提高】

（1）女生夜间外出时应注意什么？
（2）谈一谈，女生如何处理好友情与爱情关系？
（3）你若是女生，当有心理压力或困惑时会向谁倾诉？
（4）女生遇到性骚扰该如何处理？
（5）如果你是女生，有自卑感吗？如何对待青春期的"漂亮"？
（6）你对女生自我防卫的措施知道多少？